사후묵상

사후묵상

신앙 때문에 박해받던 시절
하늘에 소망을 둔 사람들이
죽음 이후를 생각하는 묵상

조선 땅에 살다 간 무명의 그리스도인

지음

KIATS

글의 순서

서론 7

──────── **본문** 19

하나, 삶과 죽음 21
둘, 사私심판을 논함 48
셋, 지옥을 논함 54
넷, 천당을 논함 68
다섯, 공公심판을 논함 77
────────

주요개념 88

관련문헌 97

서론

김재현
한국고등신학연구원(KIATS)

한국기독교와 순교

가톨릭교회와 개신교를 아우르는 한국기독교의 중요한 특징 중의 하나는 순교이다. 순교는 자신이 믿는 신앙을 지키기 위해 죽음을 선택하는 것을 뜻한다. 로마제국의 통치 아래서 기독교는 수많은 순교자들의 피와 헌신에 기초하여 발전했다. 원형경기장 안에서 사자와 암소의 먹이가 되기도 했으며, 검투사들의 칼에 맞아 순교하기도 했다. 심한 경우 순교를 당한 사람들의 몸이 밤을 밝히는 등불로 사용되기도 했다. 초대교회 순교의 역사를 넘어 기독교의 세계전파는 대부분 순교의 역사와 그

흐름을 같이하고 있다.

임진왜란과 17세기 초 이수광의 《지봉유설》을 통해 '서학'이라는 이름으로 조선사회에 들어온 가톨릭의 가르침은 오랜 시간을 두고 소개되었다. 서학에 대한 조선사회의 오랜 되새김질을 거쳐, 18세기 후반에 이벽과 정약종 같은 주어사 강학회講學會 출신들은 자생적인 가톨릭 신앙을 일구어 내었다. 한국가톨릭 신앙의 르네상스라 불리는 이 기간(1770-1830)은 아쉽게도 한국 가톨릭교회의 순교 역사와 얽혀 있다. 조선사회의 중요한 기반으로 간주된 제사에 대해 가톨릭 교우들이 보여준 거부감, 효에 대한 재해석, 그리고 조선사회 외부에서 들어온 종교에 대한 신봉은 기존사회의 저항을 불러왔다. 1791년부터 100여 년간, 최소 2만 명 이상이 기독교 역사를 순교의 피로 써나갔다. 서울 양화진에 위치한 '잠두봉'蠶頭峰(누에머리 봉우리)은 수많은 순교자들 때문에 그 명칭이 '절두산'切頭山(머리를 자르는 산)으로 바뀔 정도였다.

개신교는 가톨릭교회에 비해서 비교적 조선사회의 저항을 덜 받고 소개되었다. 한국개신교의 초기 르네상스라 불리는 기간(1884-1919)에 한국개신교는 문화적 적응과 정치적 영향력 등에 있어서 탁월한 결과를 만들어 내었다. 그러나 이후 전개된 20세기 암울했던 한국사회는 적지 않은 개신교 순교자를 만들어 내었다. 주기철, 한상동, 손양원 목사를 비롯한 많은 사람들이 신앙으로 인한 옥중 투쟁이야기와 순교의 역사를 만들었다. 일본 식민지 아래서 신사참배 반대를 명분으로 한 그들의 신앙투쟁은 기독교를 넘어 사회의 주춧돌이 되었다. 이어진 한국전쟁 기간에는 일본의 식민 통치 때보다 더 많은 사람들이 순교를 당했다. 이처럼 한국기독교의 역사는 순교의 역사와 맞닿아 있다.

사후묵상

 기독교역사에서 성인과 순교자들의 이야기는 시대와 지역을 뛰어넘어 사람들의 마음을 사로잡는다. 폴리캅Polycarp과 페르페투아Perpetua의 순교이야기는 오늘날에도 읽는 이들의 옷깃을 여미게 한다. 순교이야기나 성인전聖人傳들은 거룩한 삶을 살았거나 신앙을 지키고 순교한 자들을 기억하게 할 뿐만 아니라 이어지는 세대들이 그들의 삶을 본받게 만드는 데 중요한 목적이 있다. 또한 교황 그레고리우스 1세Gregorius I가 이탈리아 성인전을

쓰면서 의도했듯이, 특정 민족이나 사회의 영적인 자부심을 드러내는 역할을 하기도 한다. 그러나 지속되는 박해의 처절한 삶의 현장에 처한 사람들에게 순교이야기는 이러한 역할모델이나 추억의 단계를 넘어서게 한다. 언제 어디서 순교를 당하게 될지 모르는 그들 역시 그러한 이야기나 글을 통해 마음의 각오를 다잡을 수 있었기 때문이다. 《사후묵상》이 이런 경우에 속한다.

'죽음 이후를 생각하는 묵상'을 의미하는 《사후묵상》死後默想은 인생의 허무함, 진정한 가치, 내세와 심판에 대한 이야기를 가득 담고 있다. 이는 19세기 박해와 순교로 얼룩진 조선 가톨릭 교우들의 피하려 해도 이 땅에서는 피할 곳이 없는 절박한 상황을 깊숙이 반영하고 있다. 공적인 권력에 의해 사람들의 목을 가차없이 자르는 '회량'이들의 칼날은 무디었지만, 그렇다고 결코 그치지 않았다. 서로 같은 해 태어나 한국가톨릭 형성에 결정적 역할을 했던 강완숙(강 골롬바)과 정약종은 신유박해가 벌어진 1801년 같은 해 순교를 당했다. 양 어깨를 뒤로 묶고 기다란 막대기를 그 사이에 끼어 넣어 고문을 시켰던 이른바 '학춤'은 학의 우아한 자태를 경멸하기라도 하듯, 순교자들이 하늘이 아닌 땅을 강제로 바라보게 만들었다.

 로마 고위관직을 아무것도 아닌 양 내려놓고 사막 길을 나섰던 사람들처럼, 하나님의 사람들은 박해를 피해 산속으로 깊이 들어가 먹물을 핏물 삼아 대접이나 옹기그릇에 신앙과 올곧은 마음 자태를 아로새겨 넣으며 살았다. 이들에게 있어서 이생의 인생은 허무한 것이었다. 아니, 고난과 박해로 가득한 이 땅의 삶은 허무해야 했다. '야고보' 이야기에서 나오듯, 인생의 진정한 가치는 이생에서 자신이 살고 있는 '집'이 아니라 죽어서 들어 누워 있을 '무덤'이었다. 세상의 온갖 부귀와 명예도 죽어서 얻게 될 세 평 남짓 크기의 묘지보다 결코 낫지 않았다.

 동시에 인생의 진정한 가치는 하늘과 거기에서 영원토록 거하게 될 영혼에 있다. 세상의 '단 꿀'에 취해 사는 것은 어리석은 인생이다. 세상이 어렵고, 먹는 것이 만족스럽지 못할지라도 영생을 위해서는 참을 만한 가치가 있다. 그래서 날마다 이생의 허물과 과오를 슬퍼하고, 주님과 내세를 묵상해야 한다.

 사람이 죽으면 누구에게나 심판이 기다리고 있다. 먼저, 개인적인 심판이 있어서, 개인의 행위와 공적에 따라

심판을 받는다. 그러고서 신앙이 약하고 선한 행적을 많이 쌓아두지 못한 자들은 온갖 더러운 짐승과 악취로 가득한 지옥으로 가게 된다. 지옥에서는 잃음을 한탄하는 '실고'失苦가 있으며, 괴롭게 깨닫는 '각고'覺苦가 있다. 지옥의 고난이 얼마나 심하면 '이각'二刻(30분)을 참는 것도 어렵다고 기록되어 있다.

그러나 천당에 가는 사람들은 여섯 가지 복과 네 가지 기이한 일을 경험하게 된다. 천당에 가는 사람은 거룩한 도시에 살게 되며, 천국을 자신의 고향으로 누리며, 태평하고 즐거운 터에서 지낼 수 있다. 바로 이곳 천국은 안정되고 복된 세상일 뿐만 아니라 무궁하게 지속되는 도시이다. 천국에 사는 사람들은 무엇이나 통과할 능력을 받고, 어떤 것에도 더 이상 상해를 입지 않으며, 환한 빛 속에 살면서, 신속하고 경쾌하게 움직일 수 있는 능력을 얻게 된다.

마지막으로 예수의 두 번째 재림에 해당하는 공심판이 예정되어 있다. 사람뿐만 아니라 자연계와 우주가 주님의 심판을 받으며, 사탄은 마침내 결박된다. 그리고 생명을 얻는 사람은 햇빛보다 더 밝은 세상에서 영원히 살게 되는 것이다. 이러한 명확한 심판과 축복이 예정되어 있기 때문에, 비록 우리가 이 땅에서 박해와 고난을 당하더라도 선행을 행하면서 영혼을 갈고 닦기를 애써야 하는 것이다.

유산과 명상적 독법

《사후묵상》은 죽음의 의미와 선종善終에 대한 논의, 개인적인 죽음과 심판, 지옥, 연옥, 천당, 공적인 심판에 대한 논의를 차례대로 담고 있다. 이 책은 원래 인간이 피할 수 없는 네 가지 문제를 다룬 사말론四末論에 대한 한역서학서漢譯西學書(서양 책을 중국 한문으로 번역한 책)를 참고하여 교리적인 설명에 묵상 형식의 내용을 담아 쓴 책이다. 《사후묵상》은 죽음과 심판에 대하여 교리적으로 분명한 가르침을 담고 있다.

그러면서도 이 책은 박해시기의 묵상집으로 당시 고난 당하는 가톨릭 신자들, 특히 일반신자들에게 적지 않은 격려와 위로를 제공했던 것으로 보인다. 《사후묵상》은 몇 가지 면에서 독특한 특징을 가지고 있다.

첫째, 이 책은 일반인들이 쉽게 받아들일 수 있도록 하기 위해 많은 짧은 이야기와 예화를 들고 있다. 배와 인생, 호랑이와 뱀과 벌과 닭에서 시작하여 마귀에 이르기까지 다양한 소재를 사용해서 죽음 이후의 삶을 설명하고 있다. 누구나 주변에서 흔하게 볼 수 있는 주제를 평범한 어투와 이야기에 담아냄으로 많은 사람들에게 읽혔을 것이라는 추정을 가능하게 한다.

둘째, 이 세상 삶의 허무함을 예로 드는 과정에서 평범한 사람에서 왕과 왕자에 이르는 다양한 직위의 사람들을 인용했다. 동시에 동양과 서양에 기원을 둔 예들을 능수능란하게 사용했다. 그렇게 함으로 《사후묵상》은 동양과 서양의 문화를 접목시키고자 했으며, 더 나아가 문화와 기독교를 자연스럽게 융합해 내었다.

셋째, 당대 박해로 인한 삶의 덧없음을 강조하듯, 글 전체가 내세와 심판을 또렷하게 강조하고 있다. 죽음과 심판에 대한 강조와 함께, 하나님을 믿는 사람들이 이 땅에서 살아가는 데 선공善功과 덕행을 실천하면서 믿음을 버려서는 안 될 것을 강조하고 있다. 이 세상의 부질없음을 깊이 깨달을 때 칼날의 박해 앞에서라도 배교의 위험을 쉽게 넘어설 수 있었을 것이다. 《사후묵상》이 쓰여졌을 것으로 추정되는 19세기에 유독 내세와 죽음에 대한 묵상집이 조선 기독교인들에 의해 많이 만들어졌다는 자체가 암담했을 가톨릭교회의 현실을 웅변적으로 반영하고 있다.

이본들

안타깝게도 《사후묵상》의 저자와 저술연대를 밝혀내기란 쉽지 않다. 19세기 박해 상황에서 이 책의 저자를 공개적으로 기록하기란 어려웠을 것이다. 다만 이 책은 19세기 중반부터 널리 읽혔으리라 추정된다.

《사후묵상》 사본은 현재 숭실대학교를 비롯한 여러 기관에 소장되어 있다. 우리는 본 작업을 위해 가톨릭 교회 산하 기관인 한국교회사연구소가 소장한 세 편의 필사본을 우선적으로 사용했다. 이 두 기관에 소장된 필사본은 마지막 부분을 제외하고는 거의 유사한 내용을 담고 있다. 우리는 한국교회사연구소 사본을 사용하면서, 동시에 19세기 고전적 맛을 살리기 위해 옛 어투를 그대로 남겨 두었다.

또한 우리는 숭실대학교 소장 자료를 참조했다. 숭실대본은 김재현이 《한국 기독교 세계화 시리즈: 니벽선생몽회록, 류한당언행신록, 사후묵상》이라는 이름으로 한글, 영어, 원본을 함께 묶어서 출판한 바 있다. 평양대부흥운동 100주년 기념으로 숭실대학교 한국기독교박물관이 발간한 이 책은 학문적 목적으로 출간되어 국내외에 많은 관심을 받았다. 이에 우리는 21세기를 사는 우리들에게도 《사후묵상》은 현실의 삶을 넘어 존재하는 영생에 대한 묵상과 가르침을 여전히 제공해 준다. 따라서 이번 기회에 더 많은 독자들이 접할 수 있도록 새롭게 작업을 진행했다.

숭실대본과 한국교회사연구소본은 《사후묵상》이 기록된 연대를 추정할 수 있는 단서를 제공하고 있다. 숭실대본은 제일 마지막 부분에 '[신축]년'에 기록되었음을 보여주는데, 이에 근거할 때 이 책이 1841년이나 1901년에 작성되었음을 알 수 있다. 한국교회사연구소본의 마지막 부분은 "대조선 개국 오백삼년"(1895년)이라는 글귀를 담고 있다. 따라서 《사후묵상》은 아무리 늦어도 1895년 이전에 기록되었음이 확실하다.

《사후묵상》은 또한 〈경향잡지〉를 통해 1919년 9월호(통권13권)에서 1920년 8월호(통권 제14권)에 이르기까지 총 18회에 걸쳐 연재되었다. 조광의 《사후묵상》에 대한 간략한 소개는 《사후묵상》의 배경 이해에 약간의 도움을 줄 수 있다(조광, "천국에서의 삶을 향하여-사후묵상", 〈경향잡지〉 1993년 11월, 76-79쪽). 위에서 언급한 김재현이 펴낸 책도 자세한 소개의 글을 담고 있다.

사후묵상

본문

* 일러두기
1. [ ] 안에 글은 독자들의 작품 이해를 돕기 위해 편집자가 추가한 것이다. { } 안의 글은 《사후묵상》의 원 저자 혹은 이본 편집자가 남긴 것이다.
2. 중요한 개념들을 쉽게 이해할 수 있도록 한자, 한글 설명, 영어표기 등을 간략하게 추가했다.

하나, 삶과 죽음

삶이 있으면 반드시 죽음이 있다

사람에게 삶이 있으면 반드시 죽음이 있으니, 삶과 죽음이 서로 연連하여 변하지 아니한다. 당시에 예수와 성모聖母도 죽기를 면치 아니하여 계셨거든, 하물며 우리 사람이랴. 세월이 유수流水와 같아서 사람이 한번 세상에 나매 날로 무덤 길을 향하니, 세월이 갈수록 죽을 때가 날로 가까워 온다. 사람이 세상에 나서 이 헛되고 잠깐 사는 세월에 도덕을 닦아 임종을 예비하지 아니하면, 임종을 당하여 어찌 선종善終(인생을 복되고 선하게 마감하는 것)하기를 바라리오? 속절없이 마귀의 종이 되어 천주의 엄벌을 면치 못할 것이니, 이런 사람은 세상에 나지 아니함만 같지 못하도다.

사람의 죽음에 선문先聞(미리 아는 것)이 없으니, 어려서 죽는 자가 장성하여 죽는 자보다 많고, 젊어서 죽는 자가 늙은 자보다 많다. 그런 고로 사람의 죽음에 노소장단老少長短이 없으니, 몸의 강건함을 믿지 못할 것이요, 나이가 젊음을 믿지 못할 것이다. 천주께서 사람에게 한 번씩 죽음이 있는 줄을 알게 하시고, 죽을 날을 모르게 하심은 날마다 선공善功을 세워 임종을 잘 예비하게 하심이라. 오늘 죽을지 내일 죽을지 모르니, 가히 마음을 놓고 방자치(放恣하지, 거리낌 없이 제멋대로 굴지) 못할 것이다.

선공善功을 닦으면 선종善終할 수 있다

평생에 선을 행하면 죽을 때 평안히 죽지 아니함이 없

고, 평생에 악을 행하면 험하게 죽지 아니함이 없다. 비유하건대 전쟁 중에 달리는 말은 평상시에 사습私習(스승없이 자기가 스스로 배워 익힘)을 많이 하였다가 시절이 불행하여 난세亂世를 당하면 그 말은 전쟁 가운데 부려도 놀라지 아니한다. 군사로 일러도 평안 무사한 시절에 조련하여 사습하였다가 불우지변不虞之變(뜻밖에 일어난 변고)을 당하면 군사가 속지 않고, 도적을 당하여 공로를 얻는다.

하물며 세상에서 우리 사람의 삶이 마치 험한 바다에 배를 타고 가는 행인과 같아서, 배에 앉은 자는 그 배가 가는 줄을 모르되 남이 보기에는 그 배가 분명히 간다. [다른] 사람이 죽었다는 말이 내 귀에 "아무개가 죽었다, 아무개가 죽었다."고 들리니, 내가 죽었단 말인들 남의 귀에 어찌 들리지 아니하리오. 세월 가는 것이 배를 타고 가는 모양 같으니, 가는 줄 모르게 언덕에 닿으면 내릴 수밖에 없다. 세월이 가는 줄 모르고 부질없이 한가로이 지내어 선공善功을 닦지 아니하고, 죄만 지어 마음 놓고 방자하다가 임종을 당하면 어찌 선종하기를 바라리오.

그런 고로 성현聖賢이 생전 세월을 귀히 보배로 알아 잠시도 헛되이 지내지 아니하고, 부지런히 [덕을] 닦아 임종 시에 마귀의 포악한 해害를 면하고 선종하여, 주의 인자하신 심판을 듣고 승천하여 영원진복永遠眞福에 참예하였다. 우리들도 잠깐 사는 세상에 일찍이 주를 모르고 공연히 세월을 허비하여 죄만 짓고 지내었으나, 이제 다행히 주의 특은特恩으로 입교入敎하여 정도正道를 알았다. 그러니 힘써 [덕을] 닦아 이전에 범죄한 것을 보속補贖(죄의 결과를 보상하는 것)하고, 다시 범죄하기를 면하고 덕행을 세워 천당 길을 향하여 영원대사永遠大事를 그르치지 말 것이라.

일시적 세복世福과 영원한 천복天福

또 세복世福은 천복天福의 그림자라. 잠깐이요, 온전하지 못하다. 이제 부귀공명을 누리는 자를 이를진대, 어려서는 좋은 음식과 아름다운 의복을 입힌들 좋고 궂음을 분변치 못하니 어찌 알리오. 칠팔 세가 되면 선비의 자식은 글을 배우려 하니 부모의 꾸지람과 사장師丈(가르치는 스승)의 달초撻楚(잘못을 징계하기 위해 회초리로 볼기나 종아리를 때림)함을 받아 괴롭다가, 차차 자라 장성하매 각각 사업私業이 있다.

벼슬하는 자를 의논컨대 주야로 정신을 수렴하여 학업

을 익혀 겨우 등과登科하여 벼슬이 높아지면 재상에 거한다. [그러나] 그 중에도 시기하는 자가 많고, 조금 그릇하면 떨어지기 쉽다. 부자여도 자식이 없음을 한恨하는 자가 있고, 재물과 자식은 가졌으나 작위爵位(벼슬과 지위) 없음을 한하는 자도 있다. [그리고] 부유하고 존귀하고 자식을 다 가진 자라도 근심과 걱정이 많으니, 재물을 혹 잃을까, 벼슬을 남만치 못할까, 남에게 잡힐까 염려가 요란하다. 장사꾼은 날이 저물도록 길로 다니며 일시도 평안치 못하고, 장인匠人은 주야로 그릇 만들기에 근고勤苦한다.

그 중에도 질병 재앙이 있어서 사람의 병은 가히 측량치 못한다. 옛 사람이 말하였듯이 의서醫書를 보면 눈 하나에 병 이름이 백 가지라고 하였으니, 온몸의 병을 논한다면 [모두] 몇 가지인 줄을 알리오? 또한 부모의 상喪을 만나거나, 처자식의 죽음을 보거나, 이러한 것이 다 괴로움이라. 부귀공명富貴功名이 만승천자萬乘天子(만개의 병거를 소유한 황제)라도 그 중에 [또한 자기만의] 근심과 걱정이 있다. 사람의 욕심은 무한하니 천금을 쌓아도 오히려 부족해 하고, 지위가 일국一國의 으뜸이라도 오히려 부족함을 한하나니, 사람의 욕심이 무한한 연고다.

천주께서 사람을 조성하신 뜻은 천상에 무한한 복을 주려 하시고 내신 바라. 그런 고로 천당 복이라야 [인간의] 한이 없는 욕심이 차서 조금도 부족하지 않다. [그러나] 사람이 천복을 얻어 욕심을 채우려 힘쓰지 아니하고 세복으로 채우려 하니, 어찌 채우리오? 채우지도 못하고 도리어 해를 입어 제 목숨을 잃고, 아울러 처자와 재물을 잃는 자 많도다.

옛적에 사라딩(살라딘, Saladin)은 칠십 국의 으뜸 왕이라. 부귀공명이 극極하되 오히려 부족해 하더니, 오래지 않아 죽었다. 한 현인이 옷壽衣 한 벌을 그에게 걸쳐주고 사라딩을 희소戱笑(비웃음)하여 "사라딩은 칠십 국의 조공을 받되 오히려 부족하다고 하더니, 이제는 한 벌 옷이 족하도다. 칠십 국을 거느렸으되 오히려 부족함을 한恨하더니, 이제는 석 자 땅으로 족하도다." 하였다. 그런 고로 세복은 잠깐이요, 그 즐거움이 온선치 못하여 즐거움 가운데도 근심이 섞이고, 잠깐 즐기고 난 뒤에도 큰 괴로움이 따라온다. 슬프다! 세상 사람들이 뜬구름 같고 쉬이 흩어지는 내川 같은 세복을 탐하여 애를 써 얻으려 하는 수고는 참 괴로움이오, 그 낙樂은 거짓 낙樂이라.

옛적에 두 어진 사람이 세상이 헛되고 거짓된 줄을 아는 고로 세상을 버리고 두루 다니며 인생이 다 헛것에 힘쓰고 쫓아다님을 보면서 울고 웃었다. [그중 웃는 자의]

이름이 홍더라. [다른] 하나는 이름이 더수로, [더수라] 하는 자는 항상 울더라. 혹이 두 사람을 대면하고 홍더에게 물어 "그대는 어째서 항상 웃느뇨?" 하니, 홍더가 대답하여 "내가 세상 인민을 보니, 모두 다 헛된 일에 힘쓰고 헛것을 좇아 돌아다니니 가소로워 웃노라." 하였다. 또 더수에게 물어 "너는 어찌 항상 울기를 그치지 아니하니, 무슨 연고뇨?" 하니, 더수가 대답하여 "세상 사람들이 다 흐리고 어두워서 사후死後 영원대사永遠大事를 생각하지 않고, 잠깐 사는 세상을 중히 여겨 재리財利를 탐하고 주색酒色이 방자하여 항상 죄를 지어, 사후에 길고 먼 괴로움을 받게 되니 한심하고 가련하여 우노라." 하였다.

사람이 항상 사후를 생각하여 자기를 경계하면 선善을 행하기 쉽고, 악惡에 방자함을 다스리기 쉽다. 그런 고로 서편西片 한 나라의 풍속은 세간世間 집을 지으려 하면 먼저 무덤을 짓고 그 앞에 집을 지어 두니, 무덤을 먼저 짓는 뜻은 사람의 생전生前은 오래지 아니하되 사후는 길고 먼 줄을 알기 때문이다. 집은 잠깐 살 집이거니와 무덤은 장구히 있을 것이요, 또한 집 앞에 무덤을 지어 둠은 출입할 때 그 무덤을 보고 사후를 생각하여 자기를 경계하라는 뜻이다. 세상 영화는 거짓 영화요, 괴로움은 참 괴로움이라.

주막炭幕너머 본집을 사모한 야고보

가히 슬기로운 자는 이 세상에 마음을 빌리고, 어리석은 자는 세상에 마음을 준다. [마음을] 빌리는 자는 세상의 극한 해害를 면하되, 마음을 주는 자는 세상 조그마한 재미에 빠져 마치 꿀의 단 맛을 좋아해 과히(지나치게) 먹은 고로 조열燥熱(마음이 답답하고 몸에 열이 나서 더움)하여 죽음 같으니, 어찌 어리석지 아니하리오?

옛적에 한 현인 야고버(야고보)라 하는 자가 세상이 헛되고 거짓됨을 알고서 세상을 버리고 사회에 무가직無家職으로 다니니, 사람들이 다 부르기를 청광清狂(방일放逸하여 세상에 얽매임이 없는 사람)이라 하였다.

그가 한 벗을 만났는데, [그 벗이] 저자(시장)에서 닭을 사 가지고 야고버에게 주며 "이 닭을 우리 집에 가져다 두게." 하니, 야고버가 그 닭을 받아 가지고 그 사람의 무덤에 갖다 두었다. 그 사람이 집에 가니 닭이 없거늘, 집안 사람에게 물어 "내가 오늘 닭을 사서 야고버에게 주며 집에 갖다가 두라고 하였는데 닭을 가져 왔더냐?"
하니, 집안 사람이 대답하여 "그런 일이 없었습니다."
하였다. 그 사람이 크게 괴히(이상하게) 여겨 야고버를 두
고 "미친 자라. 나를 속였구나." 하였다.

그 후에 길에서 야고버를 만나 물어 "향자向者(지난 번)
에 닭을 사서 우리 집에 갖다 두라 하였는데 우리 집에
닭을 아니 가져 왔으니, 그 닭을 어찌 하였느뇨?" 하니,
야고버가 대답하여 "그날 즉시 그 닭을 네 집에 갖다가
두었거늘, 어찌 아니 가져갔으리오?" 하였다. 이에 그 사
람이 말하여 "네가 나를 속이는구나. 내 집에 닭이 없으
니, 그럴진대 나와 한가지로 내 집에 가 보자." 하였다.
이에 야고버가 대답하고 그 사람을 데리고 바로 그 사람
의 무덤에 가서 "닭이 없는가 보아라." 하고, 그 사람이
무덤 속에 들어가 보니 과연 닭이 있었다.

[그래서 그 사람이 야고버에게] "너한테 무덤에 닭을
갖다 두라고 하더냐? 내 집에 갖다 두라고 하였더니, 무
슨 연고뇨?"[라고 물었다.] 야고버가 대답하여 "이 무덤
이 너의 본本집이니, 네가 나에게 닭을 네 집에 갖다 두라
하기에 이것이 네 본집인 고로 [여기에] 갖다 둔 것이다.
네가 지금 거처하는 집은 잠깐 거처하는 탄막炭幕(주막)이

하나, 삶과 죽음 • 29

오, 이 무덤은 장차 길고 멀리 거처할 집이니, 이것이 네 본집이다. 네 말대로 네 집에 갖다가 두었으니, 내가 어찌 너를 속였으리오?" 하였다. 이에 그 사람이 깨치고 기이히 여겼다.

슬프다, 야고버가 어찌 미쳤으리오? 세상 사람들이 잠깐 사는 거처를 장구히 살까 여겨 모으고 쌓기를 부지런히 일삼고, 도덕은 사후 영원히 살 양식이거늘 게을리하고 힘쓰지 아니한다. 야고보가 그것을 빙자하여 사람들을 경계함이니, 어찌 슬기롭지 아니하리오?

육신을 기르는 일과 영혼을 기르는 일

사람이 육신 기르는 일에는 날로 부지런히 하여도 힘든 줄 모르고 하되, 영혼 기르는 모든 일에 대해서는 게으르다. 육신은 흙으로 만든 것이라. 죽으면 땅에 들어가 썩어 구더기의 밥이 되며, 아주 썩으면 한 줌 재와 흙이 될 것이다. [사람들이] 이 한 줌 재와 흙을 가져 중대히 기르면서도, 천사와 같이 영리해서 한번 심긴 후에는 영원히 죽지도 멸하지도 않는 영혼 기르는 일에는 게을러 선공善功을 힘쓰지 아니한다. 사욕편정邪慾偏情(도리에 어긋나는 온갖 정욕)을 힘써 고치지 못하면 진실로 자기가 자기를 해롭게 함이라. 금수禽獸도 자기에게 해로운 일을 피하거든, 하물며 사람이 영혼에 해害가 되는 일을 구별치 못하고 죄를 지으니, 어찌 애닲지 아니하리오?

교오驕傲(교만하고 건방짐)와 질투와 분노와 선에 해태懈怠(게으름)함과 사특한 생각이 다 영혼을 죽이는 것이니, {사람은 영혼이 죽지 아니하되, 범죄하고 주의 엄한 벌을 받아 지옥에서 영원히 괴로움을 받는 영혼은 살았으나 산 본生本이 없어서 죽은 것과 같은 고로 죽었다는 말이라. [이는] 크고 큰 해害라.} 남이 나를 공연히 해害하여 능욕하거나 내 명성을 상해하거나 육신을 해롭게 한다고 마음에 분노하여 못내 미워하거나 같이 해하고자 뜻을 두면, 마치 비유하건대 갓을 잃고 분을 내어 옷을 벗어 내버리는 모양이다. 그 사람의 해함을 입었다고 심중에 분한憤恨한 마음을 품으면, 그 악심惡心의 죄가 나에게 [끼치는] 해害는 그 사람이 나를 해하는 해보다 십만 배나 더하니, 이 어찌 어리석지 아니하리오!

세 종류의 벗: 재물, 처자, 덕행

한 사람이 세 벗을 사귀었는데, 한 벗은 자기 몸보다 더 중히 사랑하여 결친結親(친교를 맺음)하고, 한 벗은 자기 몸과 같이 사랑하고, 한 벗은 약간 사귀어 있다가 생면生面(생색을 냄)하였다. 하루는 세 벗을 사귄 그 사람이 임금에게 죄를 지어 잡혀 가면 죽게 되었다. 그 사람이 생각하여 '내가 세 벗을 사귀었으니, 이러한 터에 나를 구하여 줄 벗이 혹 있을까?' 하였다. 그가 제일 사랑하는 벗을 불러 보고 "내가 너와 평생에 좋아하는 벗이니, 나를 살려 달라." 하거늘, 그 벗이 대답하여 "내가 평생에 너와 좋아 지내었으니, 너를 따라가 구하여 줄 터이면 어찌 힘을 아끼리오. 하지만 내가 너를 따라갈 터가 못되고, 또한 네가 없으면 다른 벗에게 가기로 언약하였으니 할 수 없다." 하고, "한 벌 옷과 관곽棺槨이나 해 주마." 하였다.

이 사람이 낙심하여 울며 자기 몸과 같이 사랑하던 벗을 찾아가서 먼저 벗이 그렇게 거절함을 이르고 "내가 평생 좋아하던 벗이 나를 구해 주지 아니하니, 다 허사라. 내일이 가히(전혀) 없다. 네가 나를 따라가 구해줌이 어떠하뇨?" 하였다. 그 벗이 또 거절하여 "우리 뜻은 너를 따라가 구하고 싶지만, 길이 멀어서 너를 따라갈 터가 못되고, 가도 너를 구하여 살려낼 터가 못되니, 공부문까지나 데려다 주리라." 하였다.

그 사람이 일찍이 벗 사귀기를 잘못함을 탄식하고 가만히 생각하여 '내가 말째로 사귄 벗이 비록 나와 그리 절친하지는 못하였으나 본래 임금의 충신이라. 그 벗 대접을 평생에 [다른] 두 벗만치 못함을 무수히 한탄하노라. 그러나 그 벗이 한 번 임금께 주달奏達(임금께 아룀)하면 임금이 들으실 것이니, 내가 그 벗에게 가서 빌어 보리라.' 하였다. 즉시 그 벗을 찾아가 "일찍이 정의情誼(우정)를 박하게 하던 일을 뉘우치노라." 하고, "그대가 나를 구하여 줌이 어떠하뇨?" 하였다. 그러자 그 벗이 대답하여 "그리 하라. 어찌 진작 내게 오지 아니하고 이제야 왔느뇨? 이 일은 내가 한 번 임금에게 빌면 가히 너의 목숨을 구하리라." 하였다. 즉시 궐 중에 한가지로(함께) 들어가 그 연유를 수달하니, 임금이 희색이 만연하여 그 신하를 위로하시며 "내가 너의 말을 아니 좇으리오? 이 사람은 마땅히 죽일 죄인이로되, 경의 말로 인하여 죄를 사하고 별상으로 벼슬을 주노라." 하였다.

벗 셋을 사귄 자는 우리 사람의 모양이다. 제 몸보다 더 사랑한다 하는 벗은 재물이다. 재물은 임종 시에 구산九山(많은 산) 같이 쌓여도 나를 따라오지 않고, 불과不過하여 육신을 한 벌 옷으로 염습殮襲하고 관곽棺槨이나 할 뿐이다. 제 몸과 같이 사랑하는 벗은 처자니, 임종 시에 좌우에 앉아 무익한 눈물뿐이오, 나를 따라가 위엄한 심판을 돌보아 구해 줄 길이 없으니 허사요, 다만 무덤까지나 따라가 육신을 안장安葬(편하게 장사지냄)이나 해 줄 따름이다. 평생에 약간 사귄 벗은 덕행이라. 임종 시에 아무리 생각하여도 재물도 헛것이요, 처자도 헛것이라.

내가 평생에 공덕을 많이 닦았던들 가히 사후에 주의 엄하신 심판을 면할 것을! 범죄함이 없을 것을! 주의 특별한 구속지은救贖之恩과 나를 일생 안양安養(편안하게 양육함) 보존하시던 은혜를 나 죽으면 언제 만분지일萬分之一이나 갚을까 생각하면, 좋은 세월을 공연히 한가로이 보내고 주님의 엄대전嚴大殿에 가서 무엇을 사랑하며 무슨 공을 세웠다 하며, 주의 엄노嚴怒(엄한 진노)를 어찌 들을까?

생각하면 한심 답답하여 이제 다시 생명을 얻어 세상에 더 머물러 공덕을 쌓고 싶으나, 이미 수명이 다하였다. '오, 주는 당신 성체聖體의 피를 흘려 나의 죄를 사하여 구하려 하시는데, 내가 완악하고 거세어 주은主恩(주님의 은혜)을 배반하면, 어찌 구하실 길이 있으리오.' 하는 생각으로 통회진결痛悔眞訣(진심으로 뉘우치며 참된 도리를 다함)하여도, 평생에 날로 힘써 닦아야 임종에 진정한 통회를 얻을 것이다. 영혼이 육신 가운데 있을 때에 선공을 세우지 못하면, 영혼이 육신 밖을 나간 후에는 만 번 통회하여도 무익하도다.

도덕은 후에 나를 따라가 주의 엄하신 노怒를 풀으시게 하여 마귀의 종이 되기를 면하게 한다. 지옥의 벌을 벗어나 인자하신 주모主母(聖母 마리아) 슬하의 영복永福에 들어갈 길을 인도하는 좋은 벗은 오직 도덕道德밖에 없으리니, 어찌 평생에 그런 아름다운 벗을 재물과 처자보다 더 중하게 여기지 아니하며, 범연泛然(데면데면, 예사롭게)케 대접하리오?

뜬 구름 위의 꿀에 취한 사람

이제 사람이 세상에 살 때 죽음을 예비하지 못하고 일생을 헛되이 지내어 세상이 주는 즐거움에 유혹되어 제 영혼대사靈魂大事를 돌보지 아니하다가, 마침내 지옥의 영원한 괴로움을 면치 못함을 비유하여 이르니, "한 사람이 들 가운데 길을 올라가다 한 마리의 큰 범이 뒤에서 쫓아오거늘 [그가] 놀라 바삐 달아나다 보니 앞에 큰 함정이 있었다. 갈 곳이 없어 두루 살펴보니 함정 어귀에 조그만한 나무가 있었다. 그 범을 피하여 그 나무 끝에 올라가 몸을 붙이고 앉아 내려다 보니, 그 나무 밑에 큰 함정이 있는데, 그 함정 가운데 대호大虎가 입을 떡 벌리고서 그 사람을 치밀어 보고 앉아 있었다. 또 나무를 살펴보니 그 나무 뿌리를 흑충黑蟲과 백충白蟲이 너흐러 (느슨하게 만들어) 미구未久(머지않아)에 나무가 넘어지게 되었으니, '이 나무가 넘어지고 나면 내가 이 함정에 떨어져 범의 고기가 되리로다.' 생각하니 놀랍고 한심하였다. 그런데 그 나무 위에 꿀벌이 많은 집을 짓고 꿀을 모아 놓았다. 그 중에도 [그 사람이] 기꺼이 그 꿀을 손가락으로 찍어 먹고 달기가 비상非常(평범하지 아니하고 뛰어남)하니, 재미를 들여 그 위태함을 잊었다. [그러나] 흑충과 백충이 그 나무 뿌리를 너흐러 넘어져 하릴없이(달리 어떻게 할 도리가 없이) 함정에 빠져 범에게 잡혀 먹힌 바 되니, 어찌 가련치 아니하리오?"

　우리 사람이 반드시 그 모양이니, 넓은 들 가운데 길을 가는 것은 우리 사람이 세상에 사는 모양이다. 그 뒤에 큰 범이 따라옴은 사후가 날로 가까워 옴이오, 큰 함정은 지옥이다. 함정 어귀에 작은 나무는 우리 사람의 생명이오, 함정 가운데 큰 범이 입을 떡 벌리고 잡아 먹고자 함은 마귀다. 나무 밑의 흑충과 백충이 나무 뿌리를 너흛은 낮과 밤이니, 하루가 열흘과 같고, 열흘이 그믐, 한 달, 한 해, 두 해. [이렇게] 세월이 유수와 같아 사후가 점점 가까워 오는 모양이다.

그 중에 나무 위에 꿀벌은 이 세상 부귀영락이니, 가련하도다! 이렇듯 위태한 세상 가운데 뜬구름과 쉽게 흩어지는 내川 같은 부귀영락에 빠져 사후 영원대사를 잃었다가, 이로 인하여 죽어 지옥의 마귀 종이 되어 무한한 괴로움을 받으니, 어찌 가련치 아니하리오?

세상 안락 중에 사후를 생각한 태자

옛적 한 나라 왕의 태자가 어려서부터 주색이 방자하였다. 차차 장성할수록 행동이 무소불위無所不爲(제멋대로 하지 못하는 일이 없음)라. 부왕父王도 능히 금치 못하더니, 하루는 죽을 죄를 지었으나 부자의 정으로 차마 죽일 뜻은 없었다.

그렇지만 나라의 법이 하릴없어 장차 죽이려 할 새, 왕이 태자를 불러 분부하여 "나는 너 죽이기를 즐겨하지 아니하되, 네가 죽을 죄를 범하였으니 법대로 죽이리라." 하시며, "그러나 칠 일의 말미를 주노라. 네가 이제는 죽을 인생이 되었으니, 잔치를 배설하고 고량진미膏粱珍味(기름진 고기와 좋은 곡식으로 만든 음식)와 좋은 술을 많이 먹고, 미녀美女를 데리고 풍악을 치며 이레만 실컷 놀고, 법에 나아가 죽으라." 하시고, 법관에게 그대로 명을 내었다.

별당에 태자를 앉히고 대연大宴(큰 잔치)을 배설排設(베풀고 벌임)하고, 삼현三絃(거문고, 가야금, 비파)과 미녀들과 좋은 주육酒肉으로 이레(7일)를 놀게 했다. 첫날 아침부터 시작하여 놀며 한참 웃고 즐길 즈음에 오시午時(오전11시-오후1시)쯤 되어, 왕이 조그마한 아이를 보내어 태자에게 "대군大君이 오늘 이리 즐기시지만, 죽을 날이 엿새가 남았나이다." 하라 하였다. 태자가 한참 만사를 잊어버리고 즐겁게 놀 즈음에 아이가 앞에 와서 "죽을 날이 엿새 이격離隔(남음)하다."는 말을 들으니, 간담이 녹는 듯하여 그 즐기던 마음이 없고 심난하여 노는 것을 파破하였다.

그 이튿날에 또 놀기 시작하여 놀며 즐기더니, 왕이 아이를 보내어 "대군이 죽으실 날이 오일 이격하였나이다." 하였다. [그러자 태자개 간담이 서늘하여 즐거움이 없고 송구悚懼(두려워)하였다. 이레 노는데 날마다 아이를 보내어 죽을 날을 깨우치니, 이레 노는 것이 조금도 즐겁지 아니하고 이전의 그릇된 행실을 회개하였다.

이레를 다 놀고 죽을 날을 당하여서 부왕에게 하직下直(먼길을 떠날 때 하는 인사) 한 후 법法에 나아가 죽으려고 부왕을 뵈오니, 부왕이 "일주일을 너의 원대로 즐기니, 이제 죽어도 한이 없느냐?"고 물었다. 이에 태자가 울면서 "무엇이 즐겁사오리까? 조금 잊어버리고 놀면 조그마한 아이가 와서 죽을 날을 보고하니, 간담이 녹는 듯 하고 [잘] 드는 칼로 부장腑臟(오장육부)를 찌르는 듯 하여서 노는 데 낙이 없더이다." 하였다.

왕이 웃으며 말하기를, "그러니 사람이 사후를 시시때때로 생각하여 자기를 경계하면, 어찌 그리 방자하여 몹쓸 행실을 하여 주께 득죄하고 부모께 불효할까 싶으뇨? 오늘부터 그 마음을 변치 말고 실로 사후를 생각하여 옛 그릇된 행실을 고치라. 주색의 방자하고 모든 부정한 행실을 고치려 하면, 네 죄를 사하여 죽이지 아니하리라." 하였다. 태자 감은感恩(은혜에 감사함)하여 "명대로 하리이다." 하고, 그때부터 정직하고 어진 사람이 되어 전실前

實(이전 행실)을 뉘우치고, 모든 그릇된 사언행위思言行爲(생각과 말과 행위)를 고쳤다. 부왕의 뜻에 맞춰 효자가 되고, 주의 충신이 되었다. 이 일로 보아도 사람이 매양(번번이) 평안이 살까 여겨 방자하던 마음을 고치려 하면, 나 죽을 시時가 오늘 내일 있는 줄로 알면 고치기 쉬우니라.

사람의 본향, 금수의 본향

온갖 것이 다 본곳本鄕을 향하니, 사람은 하늘이 본향인 고로 머리를 하늘로 향하였고, 금수는 세상이 본향인 고로 머리를 세상으로 향하고, 초목은 땅이 제 본향인 고로 뿌리를 땅에 박았다. 사람이 세상을 떳떳이 살만하게 여기되, [이 세상은] 금수의 본향이오, 우리 사람은 금수의 세상에 잠깐 빌어 붙어 있는 것이다. 그런 고로 금수는 오히려 사람보다 편하고, 사람은 괴로우니, 세락世樂은 금수의 즐기는 낙樂(즐거움)이라 추하고 장구치 못하도다. 사람의 육신은 화기수토火氣水土의 사행四行(四大, 세계를 구성하는 地水火風의 네 가지 요소)으로 심긴 것이니, 사행 중 하나가 경하거나 부족하면 병이 나고, 똑같이 고른 자는 무병하다.

그런 고로 육신의 죄는 금수의 죄와 같다. [사람에게

서] 더러운 정욕이 나는 것은 금수와 같되, 금수는 정능情能(정욕과 본능)이라. 본래 제 심긴 본本대로 하되, 사람은 제 영혼의 주장이 있는 고로 제 주장을 몹시(더할 수 없이 심하게) 쓰는 자는 정욕이 금수보다도 더하다. 좋은 주육과 아름다운 의복으로 제 육신을 편히 길러 살찌고 아름다움을 자랑하나, 죽으면 구더기의 밥이오, 썩어 재와 흙을 보철補綴(부족한 것을 보충하여 철함)할 따름이다.

원수된 육신을 제어하고
아름다운 영혼을 위하여

영혼은 영원 무한히 죽지도 않고 멸하지도 않는데, 극히 아름다운 영혼이 원수된 육신을 기르기 위하여 범죄하면 사후에 지옥을 면치 못한다. 주의 성대전聖大殿에 영복을 잃으면 애닯고 절통하여 사후 영원무궁 세계에서 어찌 원한을 잊으리오. 그런 고로 고금古今 성현들이 각각 육신을 경계하여 괴로이 [덕을] 닦으셨다. 세상 가운데서 부모를 모시고, 처자를 거느리고 훈계하며, 세상을 돌보며 덕을 닦으신 자도 있었다. [그러나] 세상을 하직하고 처자와 부모와 노복奴僕과 집과 재산을 다 버리고 도망하여 깊은 산 중에 들어가 하루에 과실 하나씩, 물 한 모금씩 먹고 [덕을] 닦으신 이도 있었다.

옛적에 한 사람이 산 중에 들어가 [덕을] 닦을 때, 감을 하루 세 개씩 따서 벗겨 먹으며 '하루에 감 세 개씩 먹고 닦는 자는 홀로 나 하나뿐인가?' 생각하고, 그 감 껍질을 벗겨 시냇물에 항상 버렸다. 그 후에 산 밑을 살펴보니, 산 밑에 한 사람이 있어 시냇물에 떠내려 오는 감 껍질만 주워 먹고 [덕을] 닦는 자가 있거늘 깨달아 '내 홀로 과실만 먹고 [덕을] 닦는 줄로 알았더니, 저 사람은 내가 버린 감 껍질로 생명을 기르고 닦으니 나보다 낫도다.' 하였다.

영생을 얻기 위해 스스로 종이 된 아들

옛적에 귀한 집에 아들이 있었다. 그 집이 본래 주를 섬기되, 부귀공명을 사랑하여 [신앙에] 열심이 간절치 못했다. 그 아들은 [신앙에] 열심이 간절하여 어려서부터 표양表樣(겉으로 드러난 표정이나 모양)이 엄숙하고 겸손하며 덕행이 범상치 아니했다. 자라 장성하매 뜻을 맹세하여 동신童身(동정)을 지키려 했다. [그러나] 그의 부모님이 [그를] 장가를 들이려 하니, 가만히 도망하여 나가 빌어먹으며 [덕을] 닦았다.

 칠 년 만에 집에 돌아오니 부모와 노복이 알아보지 못했다. [그의] 옷이 헐벗고, 얼굴이 파리하니 모르고, 노복이 나와 밥을 주어 대문 앞에 앉아 밥을 먹었다. 빈 방이 있거든 하나 주시면 걸식을 그만하고 사환이나 하여 드리고 얻어 먹기를 구하니, 그의 부친이 명하여 행랑 빈 방 하나를 주었다. 그 방에 있어서 날마다 아침이면 내당에 드나들며 마당을 쓸더니, 저의 모친이 통곡하되 "내 아들은 어디로 갔을까?" 하며 울었다. 인자人子의 정리情理(인정과 도리)에 차마 절박切迫하되, 그 마음을 물리치고 모르는 체하여 천역賤役(천민의 노역)을 공순히 하였다. 노비의 봉족奉足(役事에 나간 평민이나 천민을 위해 그 집안일을 돌보는 일)을 들고 칠 년을 집안에 있었으나, 부모와 노복이 다 몰랐다. 임종을 당하니, 그가 거처하던 행랑방에 있어서 선종하여 승천하였다.

 그 나라 풍속에 짚북을 만들어 놓고 두드려 소리가 나면 성인이 나는 줄을 증험證驗(실지로 사실을 경험함)하였다. 그날 아침에 그 성인의 부친이 본래 벼슬하는 고로 궐 중에 들어가 임금을 뫼셨더니, 홀연히(갑자기) 짚북이 우는 소리가 났다. 이에 왕이 제신諸臣(여러 신하)을 명하여 지

팡이로 짚북을 한 번씩 치라 하였다. 여러 신하가 다 한 번씩 치되 소리가 없었다. 그날 선종한 사람의 부친이 짚북을 방망이로 들어 치니, 짚북 소리가 쇠북 소리보다 더 굉장히 났다. 왕이 기이히 여겨 "경의 집에 성인이 나셨도다."라고 했다. 이에 즉시 나와 보니 아무 일도 없되, 행랑방에 걸식하며 유留(머물던)하던 [아이의] 방쪽에서 기이한 영광이 찬란하여 눈이 부셨다. 급히 방문을 열고 보니, 그 방에 들였던 빌어먹는 걸식 아이가 죽었는데, 시체의 영광이 찬란하였다. 급히 들어가 살펴보니 일장서필一張書筆(1장의 편지)이 있었다. 보니 과연 [그 부모가] 잃고 주야로 한탄하던 자식이거늘 놀라고 기이히 여겨 주의 은혜를 감사하고 시체를 안장安葬하더라.

이러한 성인의 행적을 보아도 세상은 헛되고, 사후는 길고 멀리 산다. 고로 세상의 거짓되고 잠깐 누리는 부귀를 사양하고, 부모 슬하를 떠나 스스로 몸을 천히 하고, 극히 겸손하여 괴로움을 받고, 감빈堪貧(가난을 견딤)하여 빌어먹고, 육정을 끊고, 칠 년을 집을 나와 다니고, 도를 닦아 집을 찾아왔다. 그러나 부모가 모르게 천역賤役을 하고, 노복을 동류同類(같은 무리)같이 하셨다. 그 겸덕謙德과 참는 덕이 온전함으로 대성인大聖人을 이루어 사후 영원진복을 누리시니, 우리 사람도 가히 본받으면 어찌 저 성인만치 못될까마는 그런 성인의 신덕神德같지 못한 연고니, 어찌 애닯지 아니하리오?

죽음을 전후한 세 가지 어려움

사람이 죽을 때에 세 가지 어려움이 있다. 한 가지는 죽기 전이니, 홀연히 중한 병이 들어 자리에서 일어나지 못하고 만신滿身(온몸)이 다 아프면, 정신이 아무리 좋은 사람이라도 어찌 성한 때 정신만 하리오? 그런 고로 평생에 임종 예비를 하여 죄과를 깊이 뉘우치고 애주愛主(주를 사랑함)하는 정성이 간절했던 자라도 임종을 당하여 그르칠까 염려한다. 왜냐하면 정신이 혼미하고, 마귀는 그때를 엿보아 유혹을 더욱 많이 한다. 혹 육정肉情(육체적 욕망)으로도 당기고 재물로도 당겨, 부모처자를 연연하는 마음을 두거나 재물을 못놓게 하는 마음을 둔다. 이렇게 사념思念(생각)이 어지러우면 어찌 선종하리오?

이때에는 주를 더욱 간절이 생각하고 주의 구속지은救贖之恩과 내 만 가지 죄를 각별히 서러워하고 정지情知(명확하게)하여, 이후에는 만 번 죽어도 다시는 조그마한 죄도 범치 말기로 뜻을 정하고, 또 추호도 공덕이 없음을 한할 것이다. 주홍主興(주의 은총)을 입어야 임종의 그런 통회와 전심으로 마귀 해를 입지 아니한다. 성모와 오주吾主(우리 주)와 호위하는 천사와 성인, 성녀들이 다 강림하여 내 영혼을 맞아 인자하신 심판을 듣고 승천할 것이다.

그런 고로 평상시에 나의 이전 과실과 중죄를 주대전主大殿에 공손히 꿇어 엎드려 머리를 조아리고 가슴을 두드려 눈물을 흘려 뉘우쳐야 한다. 주의 십자가의 많은 고난을 깊이 묵상하여 감사하고, 나도 주를 위하여 혹 형벌을 당하면 감수하기 어렵지 않게 뜻을 굳게 정해야 한다. 날마다 이리 힘써 예비하여 주의 성심聖心이 감동하여 성총聖寵을 받아야 가히 선종의 은혜를 받자오리라(받을 것이다).

머리로부터 발끝까지 아프지 않은 곳이 없고, 눈골이 뒤집히고, 코가 삐뚤어지고, 입이 마르고, 입술이 트고, 혀가 밧고(여러 조각이 나게 잘게 깨뜨려 부숨), 손발에 맥脈이 없고, 귀가 춥다. 좌우에는 처자가 앉아서 울고, 밖에서는 관곽을 의논하니, 스스로 생각하면 그 때 슬픔과 설움이 어떨까? 내 죽음을 뉘 붙들어 살릴까? 평생 사랑하던 재물과 처자는 속절없이(단념할 수밖에 달리 도리가 없이) 다시 못 볼 것이오, 사후에 육신은 두견의 벗이 되고 구더기의 밥이 될 것이라.

만일 두 벗이 한가지로 길을 가다가도 서로 떠나려 하면 섭섭하거늘, 하물며 평생 한가지로 살던 영혼과 육신이 서로 떠날 때 얼마나 섭섭할까? 평생에 주육을 방자히 하고 교오와 분노와 음란함과 남을 업신여기고 자기를 높이던 모든 낙은 사라지고 죄는 내 영혼을 따라갈 것이니, 무슨 모양이 될는지 생각하면 눈물이 베개에 가득하나 무익하다.

둘째는 죽을 즈음에 머리부터 발까지 사무쳤던 영혼이 발끝부터 차차 거두어 올라올 때 마귀가 좌우에 에워싸 둘러섰으니, 본즉 마귀 형상은 더럽고 무섭고 놀라운지라! 세상 조그마한 임금께 죄 지은 자를 국명國命으로 잡으러 온 [사람들도] 죄인을 핍박함이 심하거든, 하물며 천지대군天地大君(천지의 큰 임금)께 득죄得罪(죄를 지음)한 인생의 영혼을 마귀에게 맡겨 잡아갈 때 얼마나 핍박이 심하리오? 재촉하여 끌어내어 무형無形한 쇠사슬로 비끄러매어 주의 엄대전에 드릴 때 얼마나 무섭고 황황망조(마음이 급해 어찌할 바를 모르고 허둥댐)하리오?

그 셋째는 죽은 후에 광경이라.

둘, 사私심판을 논論함

심판대 앞에서

 사심판은 영혼이 장차 주의 엄대전에 있어 심판을 받을 때, 내 눈을 들어 본즉 주의 위엄으로 진노하시고, 아래를 굽어보니 지옥의 문이 크게 열려 장차 나를 삼키고자 한다. 자기 일신一身을 살펴보니, 칠팔 세 후로 선악을 알만한 때부터 죽기까지 범한 대소죄악이 낱낱이 범하던 모양대로 현연現然히 다 실렸다. 마음에 조금 그릇 생각한 것과 잠깐 실언한 일까지 나타나되, 죄 형상이 또한 극히 더럽고 차마 보기에 흉악하니, 만 번 통악痛愕(몹시 괴로워 함)하나 무익하다.

좌편은 마귀가 있어 원척元隻(피고)이 되고, 나는 원고原告가 되고, 우편에는 내 평생 세상에 살았을 때 실제 지키던 수호천사가 증참證參(증인)이 되어 서 있으니, 어찌 추호지말秋毫之末(조금)인들 죄를 감추리오? 세상 조그마한 관장이 범죄인의 죄를 힐문詰問(트집을 잡아 따져 물음)하여 장차 다스리려고 국문鞫問하여도 두렵고 무서워 떨거든, 하물며 지존至尊, 지선至善, 지공至公하신 엄대주의 성대전에 이르러 일생에 범한 허다한 만 가지 죄를 판단하실 때에 그 부끄러움과 두려움이 어떠할까?

주님의 거룩한 노하심

중죄인重罪人을 대하여 성노聖怒를 발하사 먼저 은혜 베푸신 말씀을 하시어 "내 너를 없는 가운데서조차 만들어 극히 아름다운 영혼으로 육신과 결합하여 세상에 두어 하늘로 덮고, 두터운 땅을 내어 딛고, 허다한 아름다운 만물을 내어 먹여 기르되 수유須臾(잠시)도 너희를 떠나지 않고 안양 보존하였다. 또한 영혼에 십계를 박아 본성을 어질게 조성하여 낸 연고(까닭)는 양심대로 지키어 나를 섬겨 괴로움을 세우면(괴로움을 받으면) 천당영복인데, [그] 무궁한 자리를 예비하여 두고 너를 기다렸으되, 만 가지로 죄를 지었으니, 어찌 능히 지옥을 면하고 너를 위하여 예비한 바 천당복에 참예하리오?" 하셨다. 또한 천당영복을 다 알게 하시니, 그 애닯고 설움이 어떠할까?

또한 원조元祖(아담과 하와)가 범명犯命(명을 범함)한 후에 사람의 양심이 흐려져 다 지옥에 떨어질 터가 되니, 선지성인 모세에게 묵계默啓하시고 석판에 십계로 가르치셨다. "이는 원죄를 태중에서 띠고 남을 인하여 스스로 지은 바 본죄까지 사하는 은혜를 주려 한다. 내가 친히 강세降世하여 사람이 되어 빈궁함과 모든 고난을 너희를 위하여 삼십삼 년을 받으며, 몸소 겸손하여 인애하고 양선한 표양을 세워 가르쳤다. 또 입으로 많은 교훈을 내어 가르치고, 악인에게 무고無辜함과 능욕을 감수하고, 편태鞭笞(채찍) 오천사백 [대를] 맞고, 수족에 못 박혀 십자가상에서 죽기를 감수하여 너를 구하려 했다. 그런데 [너는] 완악하고 거세고 방자하여 너의 죄를 뉘우치지 않고,

더욱 범죄하여 내 고난을 더하고 나를 업신여기니 은혜를 저버리고 의를 배반하는 영혼아, 내 수족을 보아라." 하시고 십자가 위에서 고난 받으시던 모양을 보여주셨다. 죄인이 부끄럽고 황송하여 내 평생 사언행위思言行爲를 생각하니 만 번 뉘우치고 애닯아 떨며 통곡하나, 누가 불쌍히 여길까?

수호천사의 증언

수호천사는 주께 아뢰어 "오, 주여! 이 사람이 세상에 있을 때 내가 항상 선을 전하되 듣지 않고, 마귀 꾀임과 육신의 편의로서 범죄함이 이렇듯 중하오니 공의로 판단하사 마귀에게 주어 지옥에 벌하소서." 한다. 나를 지키었던 수호천사도 내가 평생에 선을 따라 가르침을 듣지 아니함에 노하여 [나를] 구치 않고 도리어 주께 이렇듯 아뢴다.

마귀의 고소

마귀는 [내가] 제 종 될 것을 기뻐하여 운율韻律을 펴고 주께 아뢰어 "주여, 이 사람이 세상에 있을 때 주의 명령을 어겨 범죄하여 내 말을 잘 들었습니다. 내가 미처 오기 전에 저 먼저 그릇된 생각과 그릇된 행실을 하고 꾀는 말은 더욱 즐겨 순종하여 주은主恩을 배반하고 죄만 행하였사오니, 주는 바삐 나에게 허락하여 주옵소서." 하였다.

이렇듯 절박하고 고독하여 아무도 구해 줄 이 없고 조금도 측은히 여길 이 없으니, 하릴없이 저 더럽고 무섭고도 흉악한 마귀에게 매임이 될 지경이로다. 황황망조하여 달아나려 해도 주는 무소부재無所不在(없는 곳이 없음)하시니, 어디로 도망할까? 죽고자 하나 영혼이 죽는 바 없어 못 죽는다. 다시 세상에 살아 육신과 결합하여 나오면 일생 억만 가지 괴로움을 받아 죄를 보속하고 [덕을] 닦아 이런 위험한 지경을 면하고 싶으나, 주의 명령을 다시 임의로 고칠 길이 없다. 그저 발을 동동 구르며 가슴을 두드리며 통곡할 따름이라. 누구를 탓하며, 누구를 한하리오? 자기만 한이 무궁하도다!

죄인을 향한 주님의 판결

이때에 주께서 크게 진노하사 명하여 "이 의를 저버리고 은혜를 배반하는 포악한 영혼아, 지옥에 내려 영원히 괴로움을 받으라. 나는 네 임금과 아비된 인의仁義를 다하였으되, 네 스스로 지옥을 자청하는도다!" 하시고, 마귀를 명하사 "빨리 저 영혼을 데리고 지옥에 벌하라." 하심을 죄인이 들으매 더욱 간담이 떨린다. 마귀는 즐거워 미치게 웃고 꼬리를 치며 달려들어 다섯 발톱으로 후비어 우리를 끌어낼 때 그 아픔이 심하고, 수호천사도 하릴없어 울며 천상으로 돌아가니, 이 어찌 애닯지 아니하리오? 평생에 수호천사의 훈계대로 선공을 지었으면 한가지로 따라 승천하여 즐길 것을, 그 지경이 되면 어찌 섭섭하지 아니하리오? 이상 말씀은 다 사심판이라.

셋, 지옥을 논論함

각고刻苦(지독한 괴로움)

 마귀 죄인의 영혼을 이끌어 지옥에 넣으매, 모든 마귀 즐겨 상해傷害함을 임의로 한다. 마귀 본성은 심히 포악하다. 천사일 때의 본심이 마귀 된 후로 변하여 어둡고 간악하고 투심과 욕심과 모든 오예汚穢(지저분하고 더러운)한 몹쓸 정욕은 마귀가 더욱 심하니, [마귀가] 우리 사람을 극히 미워하여 상해하고자 하되, [사람이] 이 세상에 있을 때는 천주께서 보호하시고 긍련矜憐(불쌍하고 가엾게 여김)하시는 가운데 있으며, 또한 예수께서 구속하신 후로 마귀에게 항복 받으셔서 [마귀가] 동여맨 범虎 같아서 감히 우리 사람을 임의로 상해하지 못하게 하신 고로 감히 우리 사람을 범치 못하거니와, 범죄인을 주의 엄하신 심판이 결단하여 마귀에게 맡겨 지옥에 내리면 제 임의로 해하니, 그 독해毒害함을 어찌 다 이르리오?

지옥 불

 지옥 불은 무형하되 뜨겁기는 세상 불의 뜨거움보다 만 배나 더하니, 유황의 맹렬한 불이 지옥 중에 가득하여 각각 모든 마귀와 악인의 영혼이 불꽃이 사무치게 아프고 뜨거움이 심하여 견디지 못함이 비할 데 없으되, 한갓 뜨거움만 있지 아니할 뿐더러 한열寒熱이 왕래한다. 또한 극한 추위가 급급히 미쳐 만신(온몸)이 다 얼음이 되어 견디지 못하다가, 또 일시에 불꽃이 만신에 사무친다. 일시 얼었던 몸에 불이 일시에 사무치니, 그 뜨거움이 더욱 심하다. 또한 만신을 불에 달구다가 일시에 얼음이 되니,

그 추위가 어떠할까?

냄새

또한 지옥은 온갖 더러운 짐승과 온갖 추한 냄새가 다 모인 곳이니, 세상에 송장 썩은 냄새와 온갖 짐승 썩은 진액의 더러운 것이 다 지옥 중에 모인다. 그 더럽고 흉악한 냄새는 세상에 아무리 여러 송장 썩은 냄새를 한 사람이 맡아도 지옥의 더러운 냄새에 가히 비교하지 못할 것이다. 눈의 보는 바가 다 끔찍하고, 놀라운 짐승과 마귀의 흉악하고 무서운 거동을 항상 본다. 큰 구렁이와 독사와 사슴과 약대(낙타), 코끼리, 이런 짐승이 다 표독히 사람을 항상 물고 너흘고(물어뜯고), 마귀는 항상 표려慓戾한 낯으로 이를 으슝그려(춥거나 두려워서 몸을 좀 우그리고 수그림) 물고, 불칼로 찌르며 치되 그칠 줄을 모른다. 마귀는 괴로움을 견디지 못하여서 사람에게 역정을 내며 포악을 부리니, 모두 질리는 바요, 다 괴로우니라.

싸움

악인들도 각각 제 괴로움을 못 견뎌 악을 내어 서로 싸우고 상잔相殘한다. 그 중에도 평생에 범죄한 모든 대소 죄악이 다 낱낱이 현발現發(드러남)하여 몹쓸 사언행위와 음행하던 바와 온갖 범죄하던 [것들이 다 그] 모양대로 형상이 되어 일신에 붙어 떠나지 아니한다. 세상에서 범죄할 때에는 즐거워하였으나, 그때에는 곳곳이 부끄럽고 애닯고 미워서 보기 싫어 한恨하여 "이 죄목罪目아, 너는 멀리 가고 내 눈에 보이지 말라." 하니, 그 죄목이 이르되 "네가 나를 낳았으니, 내가 어찌 너를 떠나리오?" 한다. 마치 병아리가 제 어미 닭을 따라다님과 같다. 죄는 지옥 불의 섶이라. 섶을 지고 불에 들어가니, 어찌 살라짐을 면하리오?

원망

귀에는 항상 모든 마귀들이 꾸짖는 소리와 악인이 서로 탓하고 원망하며 괴로움을 못 견뎌 입으로 울부짖어 앓는 소리가 들린다. 앓는 소리와 우는 소리는 한둘의 소리라도 듣기 싫거든, 하물며 지옥에 허다한 악인의 영혼이 모여 벌을 받으며 차마 그 괴로움을 못견뎌 서로 탓하는 것은 [어떠하리오?]

세상에 있을 때 서로 싸우던 자와 혹 재물을 비리로 앗아감을 인하여 범죄한 바와, 주색酒色을 싫어해도 술에 취하되 남이 권함으로 과히 먹고 범죄한 바와, 계집의 색色을 보고 음란한 정욕을 낸 바와, 계집은 본래 그렇지 않은 자라도 남자를 유인하여 음행한 죄로 벌을 받는다. 이런 일에 한가지로 지옥의 벌을 받으며 "너로 하여금 이 모든 죄를 지었다."고 원망하며 서로 미워하고 탓하기를 영원무궁히 한다. 아이 우는 소리와 개 짖는 소리도 듣기가 싫거든, 지옥 모든 영혼이 들어와 그 많은 괴로움을 못견뎌 앓는 소리와 우는 소리, 싸우는 소리와 꾸짖는 소리와 매질하는 소리를 항상 들으매 얼마나 괴로울까?

목마름

또한 입에는 항상 쓰고 독한 맛이 가득하다. 목마르고 배고픔이 심하되, 물 한 방울 얻어 마실 길이 없다. 평생 살아 있을 때 선공과 덕행은 영혼의 양식이다. 덕행을 세우지 못하였으니, 어찌 지옥에 들어가 목마르고 배고픔을 영원히 면할 길이 있으리오?

옛적에 성인 아바랑(아브라함)이 세상에 있을 때 한 사람에게 선한 도(道)를 전하되 [그 사람이] 듣지 아니하다가, 그 사람이 죽어 지옥의 벌을 받을 때 아바랑은 천상에서 영복을 누렸다. 그 사람이 지옥에 들어와 목마름을 견디지 못하여 아바랑에게 구하여 "물 한 방울만 내 혀에 떨어뜨려 주시오." 라고 빌었다. 아바랑이 대답하되 "천상 물은 지옥에 보내지 못하는 법이라. 어찌 너에게 물을 주리오? 네가 세상에 있을 때에 내 훈계를 들어 천주를 봉사하였으면, 어찌 그 지경에 미쳤으리요?" 하니, 그 사람이 하릴없어 평생에 [자신의] 그릇함을 한하더라.

평생에 남의 허물을 들추어 흉보고 웃던 죄와 남을 꾸짖고 욕하고 잡던 죄로 지옥의 벌을 받는 중에 혀가 세 발씩이나 빠져 분(粉)같이 낱낱이 가루가 되었다가, 또 즉시 혀가 도로 이어져, 또 그렇게 가루 되게 모으고 모으니, 그 아픔을 어찌 측량하리오?

신목으로 본 지옥

옛적에 한 성인이 지옥을 묵상하다가 신목神目(신목은 영신靈神의 눈이라는 말씀)으로 지옥을 보니, 마귀가 홀연히 한 선비의 영혼을 이끌어다가 지옥에 넣었다. 모든 마귀들이 손뼉 치고 미치게 웃고 달려들어 "이 사람이 세상에 있을 때 높기를 좋아했으니, 우리의 좋은 자리에 앉히자." 하고 불 상에 앉혔다. "이 사람이 세상에 있을 때 고운 의복과 주색을 즐겼으니, 우리의 좋은 의복을 입히고 맛있는 음식을 먹이자." 하고 불 옷 한 벌을 입히고, 구리 녹인 즙을 한 통을 여러 마귀들이 들어다가 입에 대고 마시게 하였다. 뜨겁고 더러우며 맛이 흉독하여 아니 먹으려 하나 입을 억지로 벌려 다 먹인다. 또 "이 사람이 세상에 있을 때 남의 기림을 듣기 좋아하고, 풍악과 음란한 말과 참소하는 말 듣기를 좋아하였으니, 우리의 좋은 소리를 들으라." 하고 마귀들이 잡고 두 귀에다 대고 호각號角를 부니, 속에서 불이 일어나 입과 코로 불을 토하고 만신(온몸)에 화기火氣(불기운)가 사무치니, 뜨거움을 이기지 못하여 소리를 지른다. 모든 마귀들이 미치게 웃고 더욱 조롱한다. 그 중에 움직이려 하여도 동여맨 것 같아서 꼼짝 못하고 그 벌을 받으니, 얼마나 괴로우리오?

한 가지라도 통회하지 아니하고 죽으면

비록 세상에 있을 때 주를 섬기노라 하는 자도 십계^{十戒}를 온전히 지키지 못하거나, 혹 전에 내가 지은 죄 중 한 가지라도 통회^{痛悔}를 아니하고 죽으면 영고^{永苦}지옥을 면하지 못한다. 옛적에 한 성인이 지옥을 묵상하다가 신목으로 홀연히 보니, 한 부인이 산발^{散髮}을 하고 사슴을 타고 슬피 울거늘, 살펴보니 아는 여인이라. 살아 있을 때 열심으로 주를 섬기던 여인이 죽어 장사한 지 오래지 아니하였다. 그 성인이 놀라 물어 "어떤 연고^{緣故}로 우느냐?" 하시니, 그 부인이 대답하여 "내가 세상에 있을 때에 다른 죄들은 다 통회하였으나 가만히 사음^{邪淫}(불륜)죄를 짓고, 그 죄는 통회치 못하였더니, 죽은 후에 주의 공의^{公義}로 판단하실 때에 한 가지 죄를 사^赦하시지 못한 연고로 통회한 모든 죄까지 다 사하지 않으시고 지옥에 벌하셨습니다. 그 사음죄 통회치 못한 것을 서러워하고 있습니다." 하고 울며 말하였다. 그때에 보니 가슴은 두꺼비가 물어뜯고, 온 얼굴과 머리와 온 몸에는 기둥 같은 뱀이 감겨 있었다. 그 성인이 물어 "저것은 어찌 저러하냐?" 하시니, 답하여 "생전에 머리털과 얼굴을 곱게 꾸며 남의 눈을 꾀어 음행한 죄의 벌입니다." 하고 슬피 통곡하며 도로 사슬을 타고 가더니 땅이 터지며 지옥으로 들어갔다. 이런 일을 성인에게 보이심은 후인後人을 경계하라 하여 일러 내려오는 말씀이니, 가히 삼갈지어다.

독사보다 더 무서운 마귀

마귀는 독사와 뱀보다 더 흉악하다. 뱀같이 더럽고 무서운 짐승이 없으니, 옛적에 두 사람이 산에 나무를 하러 갔다가 큰 독사를 만났다. 한 사람은 건장하여 낫을 가지고 달려들어 독사를 치려 하니, 그 독사가 일어서서 앞으로 달려들어 멱(목)을 물고 온 몸을 감았다. [다른] 한 사람은 약한 자라 무서워 떨며 달아나니, 그 [물린] 사람이 하릴없이 독사에게 물려 죽었다. 독사가 사람에게 감기는 것만 보아도 떨거든, 하물며 지옥에서 벌 받는 영혼은 항상 마귀의 밥이 되어 악착齷齪(잔인하고 끔찍스러운)한 벌을 어찌 다 이를까?

실고失苦(잃음을 한하는 괴로움)

 그 모든 괴로움은 다 각고刻苦(각고는 지독한 괴로움이라.)거니와 실고失苦(실고는 잃음을 한하는 괴로움이라.)는 더욱 심하니, 지극히 아름다우시고 인자하신 대부모大父母(천주)를 영원히 뵙지 못한다. 천상天上 모든 신성神聖(신령한 성인)은 세상에 있을 때 잘 닦아 인자 슬하의 만 가지 복을 누리거늘, 나도 저 성인, 성녀와 같은 사람이로되 세상에 있을 때 덕행을 세우지 못한 연고로 주의 예비하신 바 천복天福에 참예하지 못하고, 이런 지옥에서 마귀의 종이 되어 끝없이 영원한 괴로움을 받는 일을 무궁무진하게 한恨한다. 그래서 만 번 죽고자 하되 죽는 법은 없고, 제 몸을 갈아 마시고자 하여도 하릴없어 스스로 자기만 한할 따름이라. 뉘 불쌍히 여기며, 주께서 버리신 바니 뉘게 의탁하리오? 내 주를 뵙고 싶은 마음은 더욱 심하여 못견디나, 하릴없도다. 결단코 뵐 길 없나니, 세상에 살아 있을 때에는 그렇지 않았다. 죽은 후에는 지옥의 빛 받는 영혼이라도 알기는 다 명백히 다 아는 고로 주를 잃은 괴로움이 더하리라.

 옛적에 한 왕의 아들이 부왕께 득죄하니, 별궁에 내치

고 생전에 대면치 아니하였다. 그 태자의 일생 원願(바람)이 부친을 잠깐 한 번만 뵙고 죽어도 한이 없노라 하였다. 그런 태자는 좋은 집에 아름다운 의복과 음식으로 일신이 편하여도 부왕을 못 봄을 한하여 죽을지라도 한 번 보기를 원했다. 하물며 지옥에 든 영혼이 억만 가지 괴로움을 받는 가운데서 대부모를 그리워하니, 얼마나 한이 깊을소냐?

연옥에서의 보속

 이상의 말씀은 영고지옥을 일렀거니와, 사람이 십계를 지키어 평생에 부지런히 닦아서 주를 섬기던 자라도 혹 미진한 것이 있어 죄를 보속지 못하고 죽은 자는 연옥에 들어가 죄를 보속하고 승천하게 된다. 보속을 대강 이르리니, 사람이 교오(敎傲)(교만함)로 범한 죄는 지극히 겸손하여 남의 비방과 능욕을 감수함으로써 보속하고, 말로 범죄한 것은 말을 삼가며, 주색酒色으로 범죄한 것은 음식을 존절撙節(알맞게 절제함)하여 엄히 자기를 지키며 몸을 괴롭게 하여 보속할 것이다. 죄과를 성찰하여 통회와 정지와 보속을 온전히 하노라 하여도 혹시 빠진 것이 있으면, 이는 연옥에서 단련하고 보속하여 털끝만한 허물이 없어야 승천한다.

연옥의 고통

 연옥의 괴로움도 영고지옥의 괴로움과 일반이로되 기한이 있고, 또한 마귀가 감히 침노치 못한다. 세상에서 보속함은 지극히 경輕하고, 죽어 연옥에 들어가 보속함은 세상에서 보속함보다 만 배나 더하다. 세상 괴로움은 온 천하의 괴로움을 한 사람이 모두 받아도 연옥의 괴로움에 비하면 털끝만큼도 못하다.

 옛적에 궁스당딩 총왕(콘스탄틴 황제)이 선하되 한 가지 죄가 있어 하릴없이 지옥에 떨어지게 되었다. 예오랴오 성인이 왕을 대신하여 죄를 보속하여 왕의 죄를 사하여 승천하기를 주께 간절히 구하였다. 주께서 천사를 보내어 예오랴오 성인에게 전하여 "네가 왕을 대신하여 죄를 보속하여 왕을 구하고자 하니, 흉복통胸腹痛 십 년을 앓아 보속하려 하느냐, 잠깐 죽어 연옥에 들어가 사각四刻(1시간) 만 괴로움을 받아 보속하려 하느냐? 천주께서 장차 네 원대로 하시리라." 하였다. 예오랴오가 생각하여 '연옥 괴로움은 사각이 잠깐이라. 잠깐 지나면 관계치 않거니와, 흥복통은 연옥 괴로움보다 경하나 십 년이라, 어이 견디리오?' 하여 "연옥 사각의 고통을 받으려 하나이다."라고 대답했다.

 천사가 즉시 예오랴오의 영혼을 데려다가 연옥에 두고 "이각二刻(30분) 만에 내가 돌아오리라." 하고 하직하고 가셨다. 예오랴오가 연옥에 들어가 뜨거움과 그 괴로움을 참을 길이 없어서 이각이 수천 년 같았다. 예오랴오가 천사를 원망하여 "사각만 받으라 하더니, 천사가 나를 속였도다. 이미 수천 년이 되었으되 아니 온다." 하고 괴로움을 부르짖었다. 이각 만에 천사가 와서 물어 "어떠하냐?" 하시니, 예오랴오가 천사를 보고 일면一面 반갑고, 일면 원망하여 "어찌 나를 그리 속이십니까? 이각 만에 오마 하더니, 어찌 이제야 오십니까? 이미 수천 년이 지났습니다." 하였다. 그러자 천사가 대소大笑하며 "이제 이각이 지났으니 내가 어찌 너를 속였으리오? 또 다시 이각을 지내야 기한이 차리라." 하였다.

 예오랴오가 머리를 흔들며 "아서라, 내가 어찌 또 이각을 견디겠습니까? 차라리 세상에 나가서 흥복통 십 년이 아니라 백 년이라도 감수하겠습니다. 바삐 나를 세상에 내어놓아 주십시오." 하였다. 천사가 말하여 "그러면 네 원대로 하리라." 하고, 예오랴오의 영혼을 데려다가 육신에 두었다. 깨어나 눈을 떠 보니, 좌우에 가속家屬들이 둘러앉아 울다가 "죽은 지 이각 만에 살아났다." 하고 반겨 서로 일으켰다.

이 일로 보아도 지옥 영고는 이르지도 말고 연옥 괴로움만 하여도 얼마나 괴로운지 이각이 수천 년같이 더디고 오래니, 지옥 괴로움도 한 가지만 의논하여도 세상 억만 가지 괴로움을 한 사람이 모두 받아도 지옥 괴로움과 연옥 괴로움에 그림자만도 못하리라. 예오랴오가 그 일로 인하여 흉복통 십 년을 앓되, 꿀같이 감수하니라.

금수도 제 몸에 해로운 것을 피하고 이利함을 따르나니, 우리 교우教友네야, 아무쪼록 힘을 다하여 [덕을] 닦아 일호一毫(조금)도 그르치지 말고 영혼대사를 도모하여 연옥도 거치지 말고 대부모 슬하에서 뵈옵게 할지라! 상賞을 바라야 겨우 화禍를 면한다. 생전 일시도 그르치지 말고 조심하여야 영고를 면하리니, 어찌 삼가지 아니하리오? 죽어 승천하는 자는 위주치명爲主致命(주님을 위해 순교를 당하는 것)이 으뜸이니, 부월斧鉞(도끼)에 죽음도 치명致命이라 하거니와 일생을 위주爲主(주를 위해)하여 온갖 괴로움을 자원하여 감수함이 또한 일생 치명이라! 어찌 아름답지 않으리오?

넷, 천당을 논論함

 세상 조그마한 나라를 거느린 임금 계시는 대궐도 아름답고 정쇄精灑하여 좋거든, 하물며 천지 만물의 으뜸 대주재大主宰시요, 온전히 능하시고, 온전히 어지시고, 만 가지 아름다움과 지극히 좋으신 만복을 다 가지신 천주가 좌정하신 천당이야 영복의 기초인 바 어찌 기이함을 다 측량하리오? 이제 성경에 일러 오는 바를 빙자하여 대강 이르니, 여섯 가지 복과 네 가지 기이함이 있다.

여섯 가지 복에 관하여

첫째는 **성경**聖京[한 나라의 거룩한 서울이라는 말씀]이다.

일국一國의 으뜸 왕이 계신 서울도 좋거든, 천상국天上國 천지대군 계신 우리들의 본 서울이야 [얼마나 좋으리오.] 본의本衣(보늬: 속껍질) 없이 백미白米같이 씻은 쌀을 모아 두는 으뜸 곳간이라. 백미같이 씻은 쌀은 곧 성인 성녀를 이르는 말이니, 사람의 영혼에 미微(조그마한)한 허물이라도 있으면 천국에 용납지 못한다. [그러므로] 단련하고 조찰照察(사정이나 형편 따위를 비추어 보아 잘잘못을 살핌)하여 마치 씻고 다시 씻은 쌀 같아야 천당 곳간에 거둠이 될 것이다.

또한 임금 계신 대궐 문에도 관복이 없이 들어가지 못하거든, 천상 임금 계신 곳에 어찌 관복 없이 들어가리오? 천상국에 가는 관복은 아름다운 덕행이라. 한갓(고작) 죄만 없다고 어찌 승천하리오? 죄가 없을뿐더러 덕행을 세운 공로가 있어야 한다. 그런 고로 딜끝만힌 허믈도 없고 지극히 조찰하고 아름다운 자가 모이는 곳이니 거룩한 서울이라 하고 으뜸 곳간이라 한다.

세상 조그마한 벼슬을 하려 하여도 공부가 무수히 필

요하거든, 하물며 영원 무궁 세상에서 천상 부귀 영락을 받으려고 하면, 생전 일생을 어찌 힘써 닦지 아니하리오?

둘째는 **천향**天鄕(둘째는 하늘이 본향이라는 말씀)이다.
천상국은 우리 사람의 본향이니, 백물百物(온갖 물건)이 다 본향으로 돌아가야 편안하다. 수토水土는 땅이 제 본향인 고로 땅에 있어야 안녕하여 평안하고, 불은 공중이 제 본향인 고로 불길이 매양 위를 향한다. 사람이 본향을 떠나 객지客地에 나가면 편치 못하여 매양 집을 생각하나니, 이 세상은 우리 사람의 본향이 아니라 금수의 본향이다. [이 세상은] 우리 사람이 잠깐 빌어 붙어 있어서 공덕을 닦게 하신 연고로 괴로움이 많으나 천상은 우리 사람의 본집이니, 어찌 평안치 아니하리오?

셋째는 **태평역**太平域(셋째는 태평한 지경이라는 말씀)이다.
질병과 재앙이 없고, 서로 상잔함이 없고, 어른을 두려워함이 없으니 추호도 과실이 없다. 주모主母(성모)와 신성神聖이 극히 사랑하시니, 어찌 두려움이 있으며 위험한 염려가 있으리오? 항상 태평을 누리는 고로 태평역이라

하니라.

넷째는 락樂(넷째는 즐거운 터이라는 말씀)이다.

천당의 복은 가히 비할 데 없으니, 어찌 가히 측량하여 이를 길이 있으리오? 내가 이제 대강을 이르니, 천상 영정寧靜(평안하고 고요함) 전殿에 갖추신 바 영복은 밝기로 논하면 태양 빛보다 억만 배나 더 하다. 제 허울을 발 아래 두고, 일월성신을 발 아래 두고, 눈으로 보는 바가 다 곱다. 아름다운 풍악과 삼현 소리가 들리고, 성도들이 시가를 불러 주모를 찬양하고, 서로 사랑하고 공경하니 즐거움이 비할 데 없다. 기이한 새 소리는 세상에서 듣지 못하던 아름다운 소리니, 천당락을 한 가지만 잠깐 누려도 어찌 즐거운지 시간 가는 줄을 모른다.

옛적에 수도하던 선비가 묵상하다가 천사를 따라가니, 첩첩한 산중의 한 나무 끝에서 천상 기이한 새소리를 들었다. 즐겁기가 비상非常하여 그 새소리를 잠깐 들은 듯하나, 벌써 수백 년이 지났다. 그러한데도 조금도 늙지 않고 잠깐 꿈인가 싶었다. 즉시 있던 성당 수도원으로 찾아오니, 전에 보던 사람은 다 죽고 낯모르는 교우들만 있었다. 들어가려 하매, 어떠한 사람인가 하고 수도원에서

넷, 천당을 논함 • 71

들여보내지 아니하였다. 그 연고를 자세히 이르매, 그 중에 늙은 선비 하나가 생각하여 옛 수도하던 선비 성명을 기록해 두었던 문서를 내어 살펴보았다. 과연 이 사람이 수백 년 전에 그 원에서 수도하다가 나간 사람이니, 찾아온 것이 적실的實(틀림없이 확실함)하였다. 그제야 공손히 맞아 들이고 그 연고를 물었다. 그 사람이 "천상 새소리를 잠시 듣고 왔더니, 그새 벌써 수백 년이 지났노라."고 했다. 서로가 기이하게 여겨 천상복락의 무궁함을 찬탄하였다.

입에는 아름다운 맛이 가득하여 달고, 기이한 맛이 항상 떠나지 아니하며, 더욱 새로운 맛을 갖가지로 머금었다. 머리에는 화관을 쓰고, 몸에는 각각 공로대로 위주爲主(주를 위해)하여 악인에게 잡혀 부월斧鉞(도끼)에 죽은 자는 백의白衣를 입고, 성사자聖死者는 청의靑衣를 입었다. 각색 영롱한 복식服飾이 향기 등천하여 서로 보매 다 즐겁고, 천상에는 모든 애덕愛德뿐이라.

주모는 모든 천사와 성인, 성녀를 보시고 못내 사랑하시고, 신성들은 성모를 뵈옵고 못내 공경하고 감사하며 사랑한다. 서로 동류간의 애정이 두터워 못내 즐기고, 코에는 항상 기이한 향내 진동하여 맡을수록 더욱 아름답

다. 세상에 있는 모든 좋은 풍류와 미색美色과 향내는 오래 보면 보기 좋은 것이라도 싫은데, 천상 풍악과 갖가지 아름다운 것과 향내와 음식은 다 볼수록 더욱 새로우니 즐겁다. 먹을수록 더욱 달고, 들을수록 더욱 새롭고, 맡을수록 더욱 향기로와서, 모든 낙이 아니 되는 것이 없다.

그런 고로 세상 낙樂은 낙이 내 속에 들어오되, 천상 낙은 내가 낙 속에 들어가니, 털끝만치도 부족하면 못누리고 흡족하여 온전한 복락을 누린다. 세상 복락은 아무리 차게 누리는 자라도 걱정이 심히 섞이고, 또한 오래지 않고 욕심에 온전히 들지 못하여 매양 부족하다. 그러나 천복은 각각 제 욕심에 가득하여 차게 주시나니, 온 세상에 온갖 즐거움을 한 사람이 다 받아 누려도 천당 한 가지 즐거움에 비하면 털끝만도 못하리라.

다섯째는 **정길계**淨吉界(다섯째는 정하고 길하다는 말씀)다.
　세상 부귀영락은 모두 오르고 내림이 있고, 잃고 있음이 있다. 지위가 재상에 거하고 권세가 일국에 으뜸이며 부귀가 온세상에 으뜸이라도, 재물을 잃을 때가 있고 권세를 잃을 때가 있는 고로 위태함이 있다. 그러나 천상복락은 한 번 얻은 후에는 떨어질 염려가 없고, 잃을까 염려가 없어 항상 정하여 변치 않으니 정길계라 한다.

여섯째는 **수무강산**壽無疆山[여섯째는 수가 무강한 뫼라는 말씀]이다.

세상 집은 아무리 튼튼하게 지은 집이라도 수천 년이 지나면 무너지고 상한다. 그러나 천상은 억억만만 년이라도 헐고 상할 염려가 없어서 영원무궁히 누려도 진盡(다하여 없어짐)함이 없다. 무수한 천사와 무수한 성인, 성녀들이 모여 있어도 넓어서 부족함이 없으니 수壽(수명)가 무강無疆(끝없음)하다 함이라.

네 가지 기이함에 관하여

또 네 가지 기이함을 대강 이르리라.

하나는 **통투**通透라.
승천한 영혼이 아무리 굳은 산천이라도 사무쳐(통과하여) 나아가고, 쇠라도 깨뜨리지 않고 그대로 뚫고 사무쳐 나아가려 하면 나아가는 고로 통투라 한다.

둘째는 **무상**無傷이다.
칼에도 상하지 않고, 모진 화살에도 상하지 않고, 아무 괴로움도 버겁게 못하는 고로 무상이라고 한다.

셋째는 **영광**이다.
태양 빛같아 각각 그 찬란함이 얼마나 기이한지! 우리도 선공을 짓고 죄를 보속하고 승천하면 몸에 그 광영을 누리리니, 어찌 힘쓰지 아니하리오? 이것을 영광이라고 한다.

넷째는 **경쾌함**이다.
선자善者의 영혼은 극히 날래고 가벼워 천만 리(400만km)라도 가고자 하면 순식간에 다녀오되, 추호(조금)도 수고롭지 아니하니 경쾌라.

옛적에 한 성인이 죽어 승천하였더니, 그 자식이 아비가 죽은 후에 주야로 아비를 보고자 하여 울며 아비를 도로 살려주시기를 주께 간절히 빌었다. 주께서 그 자식의 원願(바람)을 허락하셔서 [그 아비를] 잠깐 세상에 살려보

내셨다. 아비가 다시 살아 세상에 나왔으나 주야로 천당 복을 못잊어 울었다. 아들이 "천상국의 즐거움이 어떠합니까?" 하니, 대답하여 "그 갖가지 복락은 다 측량치 못하되 일월성신을 내 발 아래 두니, 그 영화가 어떨까 싶으냐?" 하였다. 이렇듯 아름다운 영복을 얻느냐 못얻느냐는 다 각각 자기에게 달려 있다. 세상 조그마한 벼슬이라도 힘을 다하여야 성공하되 혹 위태함이 있거니와, 영복 얻기는 힘을 다하면 결단코 얻지 못함이 없느니라.

다섯, 공公심판을 논論함

공심판의 징조

 공심판은 성경에 이른 바 주의 말씀에 아무 때나 이르지 아니하고, 천지 마칠 때에 공심판이 되되, 수십 년 전에 징표가 있으리라 하였다. 징표는 공심판이 가까워 오면 차차 한재旱災(가뭄)도 심하고, 장마도 심하며, 염병(장티푸스)도 흔하여 사람이 많이 죽는다. 시절도 해마다 흉

년이 들고, 온갖 재앙이 많고, 난亂이 자주 일어나고, 나라들이 서로 싸움이 흔하고, 세상 인심이 점점 강퍅하여 싸움이 심하고, 서로 상잔하여 죽임이 많고 많다. 이렇듯 인심이 포악해지면 시절이 갈수록 악하게 된다.

한서寒暑(추위와 더위)가 심하여, 눈이 와도 집이 다 무너지고 산이 다 묻히도록 오고, 비가 와도 평지의 물이 산이 잠기게 온다. 한재가 들면 여러 해가 들어 샘에 물이 아니 나고, 하늘도 도수度數(일정한 정도)를 잃어 돌지 않는다. 추위도 극하여 사람이 죽고, 굶어 죽고, 병으로 죽고, 싸움으로 죽는 자가 많아서 길에 송장이 산처럼 쌓일 것이다. 더위도 전과 달라 극히 더워 사람이 데어 죽는 지경이 될 것이다. 항상 천동天動과 지동地動이 있어, 사람이 다 경해驚駭(깜짝 놀람)하여 놀란 빛이요, 각각 살기로 도망하여 집을 버리고 도망하여 편한 곳을 찾으나 온 세상천하가 다 그러하니, 어디로 피하리오? 그 중에 도적이 흔하여 강포한 자가 많고 많으리라.

이러할 즈음에 마귀 더욱 성하여 사람을 더욱 상해한다. 이때에 주를 믿지 않고 마귀에게 굴복하는 자는 마귀 임의로 더욱 상해한다. 이때에는 천주께서 사람의 선악을 바삐 보아 결단하려 하시는 고로, 지옥의 마귀가 다 세상에 나와 사람의 선악을 시험할 것이다. 큰 마귀인 루지뿔(루시퍼, Lucifer)도 그때에 나오되, 사람의 형상이 되어 인간으로 다니며 요술을 행하여 자칭 구세주라 한다. 저를 구세주로 믿고 섬기는 자는 죽이지 않는다. 또 "일찍이 강생구속降生救贖하신 예수 그리스도 구속을 마치시고 승천하여 계시니, 네가 어찌 구세주가 되리오?" 하고 항복하지 않는 자는 죽일 것이다. 죽을지언정 항복하지 않는 자는 대공이 되어 승천하고, 일시 루리뿔의 독해를 구세주로 섬긴 자는 다 죽어 지옥에 떨어질 것이다.

죽은 자의 부활

온 천하 인민이 병으로 죽고, 굶어 죽고, 우설풍파雨雪風波로 죽고, 난으로 죽어 씨 없이 다 죽은 후에 천문天門(하늘문)이 크게 열려 천사가 호각을 불면, 모든 선자善者의 영혼은 천상으로부터 좇아 내려오고, 악자惡者의 영혼은 지옥문이 크게 열려 지옥으로부터 좇아 나올 것이다. 각각 무덤이 열리며 제 육신을 찾아 부활할 때, 천지개벽 이래로 범虎에게 잡아 먹힌 바 된 육신이라도 주의 전능으로 똑같이 제 육신대로 찾아 영혼과 결합하게 하실 것이다. 난亂에 육시戮屍하여 머리와 몸이 차례로 각각 떨어져 나가 썩은 자의 육신이라도 다 낱낱이 일시에 모아 온전케 하여 제 영혼과 결합하고, 죽은 지 오래되어 썩어버린 육신이라도 제 육신을 각각 일시에 찾아 제 영혼과 육신끼리 다 결합할 것이다. 세상에 있을 때 다리 절던 자와 온갖 장애인이라도 부활할 때는 다 성한 자가 되게 할 것이다. 선자의 육신은 더욱 조철照徹(환히 빛남)하고 아름다워 영혼과 결합하매 광영과 인물이 기묘할 것이다. [그러나] 악자의 육신은 검고 질둔質鈍(둔곽하고 굼뜸)하여 한 걸음을 옮겨섬도 극난極難(극히 어려움)하고 만죄萬罪(온갖 죄)가 실려 있으니, 어찌 더럽고 무섭지 아니하리오?

예수 재림

천하 남녀노소男女老少, 존비귀천尊卑貴賤이 없이 천지개벽부터 종공세말終公世末(공심판 끝날 때)까지 무수 인간은 선자와 악자를 막론하고 다 부활하여 대심판을 받는다. 천상국에 성인, 성녀도 모두 다 내려와 각각 제 육신을 찾아 결합하고, 억만億萬 무수無數 선자와 악자가 각각 제 육신과 결합한 연후然後(그런 뒤)에 천사가 호각을 불어 유더아(유대)국 요사바산곡(인류의 마지막 전쟁터를 의미하는 아마겟돈, 즉 므깃도 언덕을 의미)으로 일시에 모두어 가니, 그곳은 예수께서 수난 받으시던 산이라. 그 산에서 공심판을 하시리라.

천주 예수 구름을 타고 천사가 좌우에 시위侍衛(모시고 호위함)하여 공중에서 내려오셔서 좌정하시니, 위엄이 추상秋霜같다. 당시에 수난받으시던 홍紅(붉은)십자가를 공중에 내어 세우시고, 천사가 선자善者와 악자惡者를 좌우로 나누어 세울 때 선자는 주의 우편에 세우고, 악자는 좌편에 세우니, [갈라 세운 말씀은 먼저 기록하였기에 대강 말함] 우편에 선자들 모여 서 있는 데는 천사가 거느렸고, 좌편에 악인들 모여 서 있는 데는 마귀들이 거느렸다. 우편 선자들 서 있는 데는 광채가 찬란하고, 좌편 악인들 모여 서 있는 데는 숯검의 빛이오, 더러운 냄새가 가득하다. 이때 주께서 장차 심판하려 하시어 노기 등등하시니 무죄한 천사라노 그때는 떨거든, 하물며 죄인이야 더욱 어떠할까?

죄가 드러남

주께서 장차 악인들의 억만 가지 죄악을 세세히 나타내어 각각 제 죄와 남의 죄, 이 세상에서 범하던 모양대로 선자와 악자에게 다 알게 하신다. 선자가 세상에서 공功짓던 일과, 악자가 이 세상에 있을 때 악행하던 일과, 선자가 악행하다가 회개하여 고친 일과, 악자의 미선微善(작은 선)까지 낱낱이 드러내어 악인과 선인이 서로 감출 것 없이 다 알게 하신다.

억만 무수 선자에게 털끝만한 죄도 서로 밝히 알게 아시고 공의로 판단하신다. 선자가 악행하다가 회개하고 고쳐 행한 것은 광채가 더욱 나타난다. [그러나] 악자는 미선微善이 있어도 그 선善은 좋지 않고, 악행이 많아 사음하고 교오하고 분노하고 남을 업신여기고 겉을 꾸며 선한 체하고 안으로 악심을 품어 가만히 남을 해한 온갖 죄목을 다 서로 알게 하신다. 그러니 그 부끄러움이 어떠할까?

공의로운 심판

주님의 공의는 거울 같아서 호리(조금)도 틀리지 않는

다. "하늘이 공변(치우침 없이 공평함)치 아니하되, 저 사람은 악한데 편히 살고, 저 사람은 선한데 고생이 심하다." 하여 하늘을 원망하나, 공심판 날에 낱낱이 드러날 것이다. 사람이 겉으로 선한 듯하나 속심사는 실로 악한 자가 있으니, 공심판 날에 다 나타내어 서로 알게 할 것이다. 간악한 것과 심중에 조그마한 사특한 마음을 먹었던 것까지 다 억만 인민이 서로 알게 할 것이다.

한두 사람 앞에 나의 그릇한 허물을 나타내어도 부끄럽거든, 하물며 무수한 천사와 성인, 성녀들이 모여 있는 곳에서 나의 만 가지 죄를 나타낼 때, 그 부끄러움을 어찌 측량할까! 주의 엄노는 역력하시고 낱낱이 죄악을 책망하신다. 주를 모르고 범죄한 자는 자기가 몰랐노라 핑계하려니와, 우리는 주가 계시고 십계를 지킬 줄 알고 범한 것이니, 그 책벌이 어떠할까?

주님의 변론

주 예수 악인들을 대하여 "내가 너를 내어 세상 가운데 두고, 하늘로 덮고, 땅으로 딛고, 만물로 길렀다. 또 네 영혼에 명오明悟(환히 깨달음)케 할 의욕을 다 성인과 같이 내었거늘, 어찌 선악을 구별치 못하고 이리 몹시 나를 배반하고, 동류를 해하여 성교聖敎(기독교)를 독해毒害하고, 구속의 무궁한 은혜를 배반하여 너 스스로 네 영혼을 죽여 영고지옥을 좋아하느냐? 나는 네 아비된 연고로 너희 지옥을 면하여 주려 하여 이 티끌 같은 세상에 강생하여 방도 없고 불도 없는 저 동지설한冬至雪寒(눈내리고 추운 동짓날) 한밤중 찬바람에 베드름부(베들레헴) 산 모퉁이에 있는 양 우리에 탄생했다. 그런데 너희는 좋은 옷을 입고 더운 방에 한가로이 앉아서 내다보지도 않고 방도 빌려 주지 않았다. 또 [나는] 세상 온갖 빈궁과 악인에게 갖가지 능욕과 업신여김과 혹독한 형벌을 너희를 위하여 꿀같이 감수해서 십자가에 못 박혀 죽음을 받아 너희를 구했으나, 너희는 부귀안일을 사랑하여 나를 위하여 조그마한 괴로움도 받지 않고, 너희는 나를 위하여 죽기를 싫어해 목숨을 아껴 죄를 지어 내게 득죄하였으니, 너는 내 수족手足을 보라." 하시고 못 박혔던 구멍을 보이시니, 성인들은 눈물을 흘려 감사하고, 악인들은 부끄러워 뉘우쳐 통곡한다. 그러나 하릴없다, 늦었도다!

또 성인은 공중에 있는 홍紅십자가를 보매 감사하고, 악인은 더욱 부끄러워한다. 성인은 매양 생전에 오주吾主

(우리 주)가 십자가에 못 박히신 은혜를 생각하여 온갖 괴로움을 감수하고 죄를 보속하였으니, 십자가를 보아도 부끄럽지 않다. 그러나 악인은 부귀영화를 좋아하고, 고난 중에 있는 자를 업신여기고 상해하고 핍박하였으니, 어찌 애닯지 않으리오?

판결

주님 심판을 마치실 때 우편에 있는 성인을 대하여 "나의 사랑하는 자들은 세상에 있을 때 나의 표양을 따라 고생도 많이 하고 나의 명을 지키었으니, 나를 따라 승천하여 영원무궁세永遠無窮世의 복을 누리라." 하시니, 모든 성인이 감사하며 즐거워한다.

또 좌편에 있는 악인을 대하여 "이 은혜를 저버리고 의를 저버리는 사람들아, 너희들은 내가 조성하여 안양보존하고 은혜를 펴 성인과 같이 베풀었으나, 너희가 만번 굴러 지옥에 내려가니 누구를 힌하리오!" 하시며, 마귀를 명하여 "바삐 지옥의 영원한 괴로움을 받게 하라." 하신다.

무수한 천사들과 성인, 성녀들이 풍류를 치며 예수와

성모를 시위하고 각각 따라 한가지로 승천하심을 악인들이 목도하여 보면, 애닯음이 어떠하리오? 악인들이 섰던 땅이 터지면 지옥으로 다 들어가니, 영혼만 지옥 괴로움을 받을 때와 달라 육신 채 지옥에 들어가 살리니, 괴로움은 만 배나 더하리라. 마치 독(항아리)에 조기젓을 차게(가득) 눌러 담은 것 같아 많은 악인이 지옥에 가득하게 차니, 뜨거움과 모든 괴로움을 견디지 못하는 중에 지옥이 좁아 육신이 서로 싸우며 서로 싫어하여 해할 것이다. 그 괴로움은 일필난기一筆難記(간단하게 기록하기 어려움)니, 대강 기록하노라.

천사가 지옥문을 봉하여 영영 마귀도 나오지 못하게 하고, 천당문도 닫는다. 이 세상이 그때는 다 비어 땅에 풀도 나지 않고, 하늘도 돌지 않고, 일월광채가 더하여, 해는 지금 햇빛보다 칠 배나 더하고, 달은 지금 햇빛 같고, 별은 지금 달빛 같고, 땅은 모든 바다같이 물이 가득하리라.

사후 사심판과 공심판과 지옥과 천당 도道를 대강 아는 것만 기록하여 보내니, 자세히 보고 신덕信德(믿음의 덕)을 견고케 하여 아무쪼록 [덕을] 닦아 영혼 살기를 힘써 볼지어다.

  내가 미진未盡한 공부로 기록한 것이 허사虛事가 아니되게 하기를 바라노라.

  아무 사람들과 의논치 말고, 사후를 묵상하여 염경念經(기도문 외우기) 기도하기를 간단間斷(잠시 그치거나 끊어짐)치 말지어다.

대청 광서 이십년 대조선 개국 오백삼년(주후 1894년)
갑오 정월 일필
책주 최신부

주요개념
Key Concepts

각刻

조선시대에 사용한 시간을 나타내는 단위로 현재 시간 개념으로는 약 15분을 의미한다. 1각은 15분, 2각은 30분을 나타낸다. 본문에서는 일반적으로 영원한 고통과 반대되는 짧은 시간을 나타내기 위해 각을 사용했다.

각고刻苦와 실고失苦

사람이 죽어 지옥과 연옥에서 받게 되는 두 가지 고통이 각고와 실고이다. 이곳에는 세상의 불과 전혀 다른 종류의 불이 있는데, 말할 수 없는 뜨거운 불 속에서 느끼는 고통, 즉 외부로부터 가해진 감각적 고통이 각고이다. 실고는 죄를 짓지 않은 사람이 마땅히 누릴 수 있는 지극한 복을 느끼지 못하는 상실의 고통을 뜻한다.

공심판公審判

세상의 마지막 단계에 모든 죽은 자들이 부활해서 영혼과 육신이 결합하여 그리스도 앞에서 받는 심판을 말한다. 이때에는 그리스도가 천사들과 함께 내려와서 각 개인이 받은 사심판의 판결을 공적으로 발표한다.

루시퍼 Lucifer

라틴어로 '빛을 가져오는 것'에서 연유된 말로 '샛별'을 의미하는데, 일반적으로 사탄을 상징하는 존재이다. 이사야 14장 12절과 누가복음 10장 18절에 언급되어 있다. 하늘에서 떨어진 사악한 영혼의 우두머리를 가리킨다.

보속補贖/penance

사람이 지은 죄를 적절한 방법으로 보상하거나 값을 치르는 것을 뜻한다. 좁은 의미로는 고해성사의 구성요소로서, 고해사제에 의해 부과된 기도, 금식, 자선이 일반적인 보속 행위이다. 이를 통해 그리스도의 고통에 참여하고 새로운 삶을 약속하는 계기를 만들기도 한다.

사말론四末論

인간의 맞는 네 가지 종말로서 죽음, 심판, 천국, 지옥을 사말四末이라고 한다. 사말론은 중세 서양에서 시작되어 아퀴나스의 《신학대전》에서 완성되었으며, 종교개혁 이후 트리엔트 공의회에서 적극 수용되어 교리문답서에도 반영되었다. 사말론은 16세기 말에서 17세기경에 동양에 전래되었는데, 사말론을 소개하는 대표적인 한역서학서漢譯西學書로는 바뇨니(高一志, Alfonso Vagnoni, 1566-1640)의 《사말론四末論》과 꾸플레(柏应理, Philippe Couplet, 1624-1692)의 《사말진론四末眞論》 등이 있다.

사심판私審判

인간이 죽으면 피할 수 없는 마지막 네 가지 단계가 있다. 죽음, 심판, 천국, 지옥이 그것이다. 심판에는 사심판과 공심판이 있다. 사심판은 사람이 죽어 육신을 떠난 영혼이 그리스도 앞에서 개인적으로 받는 심판을 말한다. 그 결과에 따라 천국, 연옥, 지옥에 가게 된다.

선공善功

좋은 결과를 낳는 공덕이나 행위를 의미한다. 《사후묵상》에서는 살아있을 때에 부지런히 선공을 쌓기를 지속적으로 강조하고 있다. 선공을 쌓아야 선송, 즉 선한 마지막을 맞을 수 있기 때문이다. 이 개념은 의와 믿음을 공덕보다 강조하는 개신교회의 일반적인 교리와 좋은 대조를 이룬다.

선종善終

인생을 복되고 선하게 마감하는 것, 즉 선한 죽음을 의미한다. 가톨릭교회에서는 임종할 때 받는 성사, 즉 종부성사를 받아 큰 죄가 없는 상태에서 죽는 것을 뜻한다.

성모聖母(주모, 主母)

예수의 어머니인 마리아, 곧 동정녀 마리아를 이른다. 죄가 없는 동정녀의 몸으로 하나님을 잉태한 거룩한 어머니요, 고난당한 예수를 안고 있는 자비를 상징하는 어머니로서 기독교 역사에서 중요한 자리를 차지해 왔다. 예수와의 이러한 관계성 때문에 성모의 기도나 중재는 특별한 효력을 갖는 것으로 간주되기도 했다.

성인聖人

일반적으로 지혜나 덕이 빼어나 매우 우러러볼 만한 사람으로 교회의 일정한 규칙에 의해 거룩한 사람으로 인정된 사람을 가리킨다. 가톨릭교회에서 순교한 사람이나 덕으로 칭송받는 사람은 가경자, 복자, 성인의 순으로 존경의 칭호를 받는다. 성인이 되면 전세계 교회에서 존경을 받고, 지정된 축일祝日에 기념된다.

성체聖體

그리스도가 제정한 거룩한 의식인 성만찬Eucharistia에 포도주와 함께 사용되는 구운 밀떡을 의미한다. 성체는 그리스도의 신비한 몸을 상징한다. 감사의 제사라는 면에서 제병祭屛으로 불리기도 하고, 희생 제사라는 면에서 면병麵餠(hostia)으로 불리기도 한다.

세복^{世福}과 천복^{天福}

세복은 세상의 복을, 천복은 하늘의 복을 뜻한다. 인간의 삶과 행동을 통해 얻게 되는 세상의 복은 일시적이고 헛된 것으로 간주된다. 세복과 반대되는 천복은 영원하고 참된 가치를 갖는 진복^{眞福}을 의미한다.

수호천사^{守護天使}/custos angelus

개인을 보호하고 인도하는 천사. 수호천사의 개념은 5세기경 위^僞 디오니시우스pseudo-Dionysius에 의해 집중적으로 부각되어 이후 지속적으로 발전되었다. 수호천사는 하느님이 지정해 준 사람을 지켜주고 그 사람의 기도를 하느님께 전한다. 가톨릭교회의 전례력에서는 10월 2일을 기념일로 제정하여 수호천사를 공경하고 있다.

염경기도 念經祈禱

기도문을 마음 속으로 뜻을 생각하며 외거나 입으로 드리는 모든 기도를 뜻한다. 오늘날에는 소리 기도oratio vocalis라고도 부른다. 주님의 기도, 시편, 찬미가, 여러 호칭기도, 묵주기도 등을 암송하는 기도를 뜻한다.

연옥 煉獄

죽은 사람의 영혼이 죄를 정하게 하기 위해 머무는 곳으로 정죄계淨罪界라고 불리기도 한다. 바로 지옥에 갈 만한 큰 죄를 짓지 않는 영혼이나 큰 죄를 지었지만 용서를 받을 만한 죄를 지은 자들이 머무는 곳이다. 가톨릭교회의 대표적인 종말론적 교리인데, 연옥을 인정하지 않는 개신교와는 큰 차이가 난다.

천주天主

가톨릭교회에서 하나님 아버지聖父를 이르는 말이다. 원래 하늘의 주인이나 천지를 창조한 주를 뜻하는 말로 하느님이란 단어로 사용되기도 한다. 동양에서 유교의 상제上帝를 대체하면서 정착된 이 단어에 기초해서 가톨릭교회를 천주교회라고 부르기도 한다.

치명致命

가톨릭교회에서 종교적 이유로 생명을 바치는 순교殉敎를 뜻한다. 한국 가톨릭교회는 18세기 말부터 19세기에 걸쳐 수많은 사람들이 순교를 당했다. 치명을 묵상하면서 나온 책이 바로 《사후묵상》이다.

관련 문헌
Relevant Materials

　인간에게 피할 수 없는 네 가지의 중요한 일인 죽음, 심판, 천국, 지옥에 대한 가르침을 담고 있는 책으로는 다음과 같은 것들이 있다. 아래의 책은 《사후묵상》을 이해하는 데 큰 도움을 준다.

《사말론四末論》

바뇨니(高一志, Alfonso Vagnoni, 1566-1640)의 《사말론四末論》은 죽음, 심판, 천국, 지옥이라는 네 가지 가르침을 다루는 책이다. 이 책의 전래나 번역에 대하여 정확하게 알 수는 없지만, 1782년 이전에 전래된 듯하다. 이 책은 주로 필사본으로 전해졌는데, (1) 사후 죽을 때라, (2) 사심판, (3) 공심판, (4) 지옥, (5) 천당 순으로 구성되어 있다. 이 책은 《선종가》를 비롯한 천주가사에도 큰 영향을 주었다.

《사말진론四末眞論》

 벨기에의 예수회 선교사 꾸플레(柏应理, Philippe Couplet, 1623-1692)의 《사말진론四末眞論》은 중국 선교를 위해 도교의 불로장생설과 불교의 윤회설을 비판하고 기독교의 종말론을 전할 목적으로 1675년에 간행되었다. 본문은 인간은 모두 죽게 된다는 것을 설명한 사후도설死後圖說과 사후설死後說, 사후에 심판을 받는다는 것을 설명한 심판도설審判圖說과 심판설審判說, 기독교의 가르침을 따르면 천당에 간다는 것을 설명한 천당도설天堂圖說과 천당설天堂說, 기독교의 가르침을 따르지 않으면 지옥에 떨어진다는 것을 설명한 지옥도설地獄圖說과 지옥설地獄說, 예수회 신부 바뇨니(高一志, Alfonso Vagnoni, 1566-1640)의 사말진론四末眞論 등으로 구성되어 있다.

《천당직로天堂直路》

 중국 사천교구의 파리 외방전교회 소속 모예(J. M. Moye, 1730-1793) 신부가 1780년경에 저술한 책이다. 한글본은 다블뤼 주교가 만든 듯하다. 1864년 목판본이 발행된 이후 가톨릭 신자들 사이에서 많이 읽혔다. 이 책은 하늘 가는 길로 인도하는 영성서로서, 천국에 가는 길을 구체적으로 제안하고 있다. 거룩한 교리를 믿고 따르는 길은 세례, 즉 영세만으로는 부족하다. 영원한 생명을 얻기 위해서는 선행과 선한 의지와 하나님의 은총이 필요하다. 이 책은 이러한 하나님의 은총을 받기 위한 다섯 가지 방법과 더불어 기도의 다양한 방법들도 논하고 있다.

《연옥약설煉獄略說》

이 책은 중국 강소성江蘇省 출신의 예수회 신부 이체(李杕, 1840-1911)가 저술하여 1871년에 출간되었다. 한글 번역자를 구체적으로 알 수는 없지만, 이 책은 1871년 개항 이후 한국에 소개되어 《연옥고남》이라는 이름으로 필사되어 유통되었다. 총 8편으로 구성된 이 책은 각 편마다 각각 연옥의 존재 논증, 연옥의 형벌, 연옥 영혼의 경황, 연옥의 고통 가운데 승천할 희망과 즐거움, 연옥 영혼을 구제하는 공덕, 연옥 영혼의 죄를 대속하는 일, 연옥 영혼을 구하기 위한 구체적 실천 사항, 연옥 영혼의 구원을 위해 특별히 노력하는 증망회拯亡會(연옥영혼들의 구원을 힘쓰는 단체)의 규칙 등을 수록하고 있으며, 각 장마다 유럽의 연옥 실화를 제시하면서 연옥에 있는 자들의 간구를 생각하고, 세상을 살 때 자신을 돌아보고 다른 사람도 사랑하는 덕을 가질 것을 강조하였다.

기독교 영성 선집
사후묵상

발행일 2011년 1월 4일
발행인 김재현
저자 미상
편집 박종천, 한희경, 김혜란, 이효원
표지디자인 박송화
펴낸곳 한국고등신학연구원(KIATS)
주소 서울시 종로구 명륜동 1가 101-1번지 4층
전화 02)766-2019
팩스 0505-116-2019
E-mail kiats2019@hotmail.com
ISBN 978-89-93447-28-6

* 본 출판물의 저작권은 한국고등신학연구원(KIATS)에 있습니다.
* 사전동의 없이 무단으로 복사 또는 전재하여 사용할 수 없습니다.